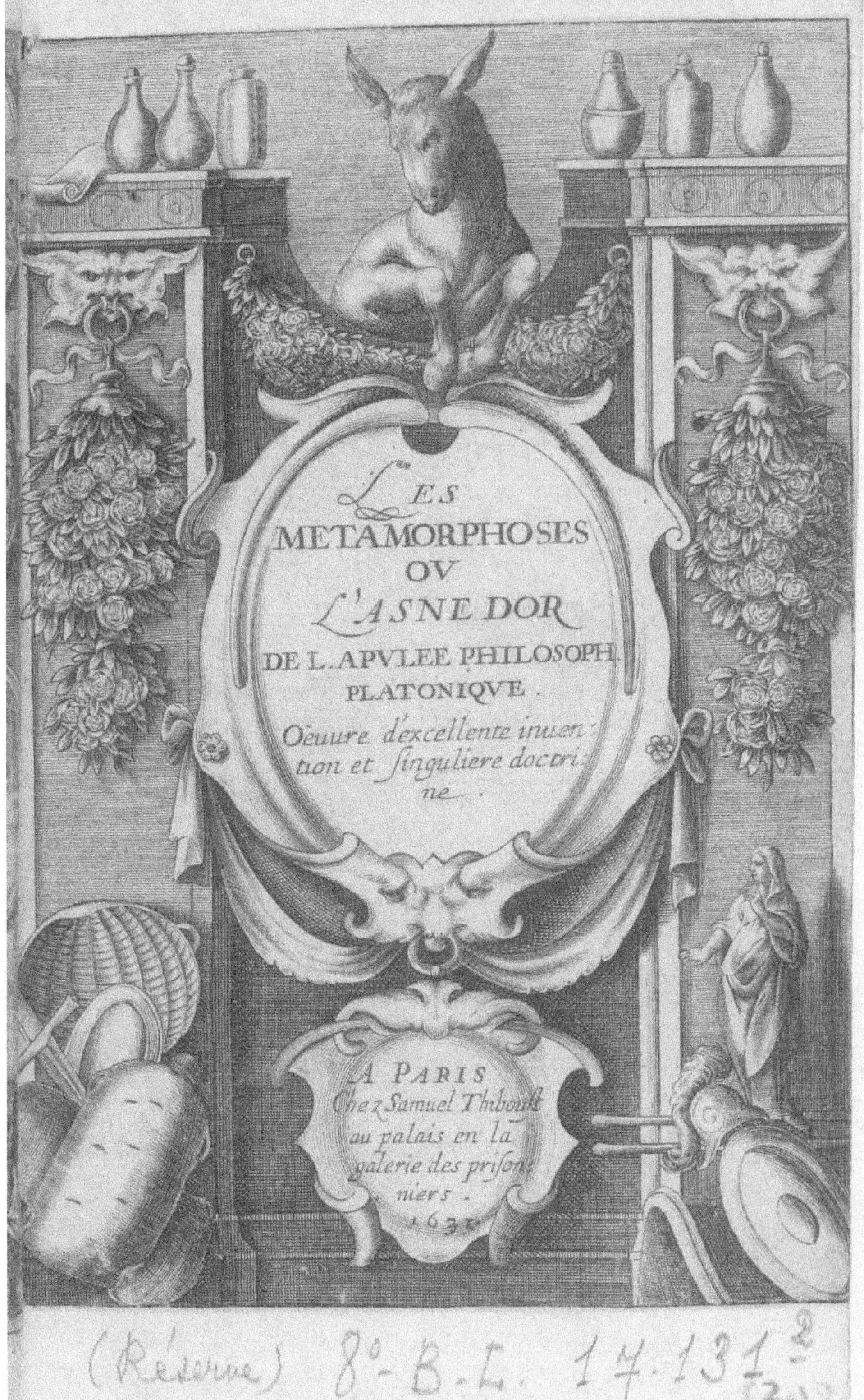

LES
METAMORPHOSES
OV
L'ASNE DOR
DE L. APVLEE PHILOSOPH.
PLATONIQVE.
Oeuure d'excellente inuen=
tion et singuliere doctri=
ne.
A PARIS
Chez Samuel Thiboust
au palais en la
galerie des prison=
niers.
1632

L'ANE D'OR
D'APULÉE,
PHILOSOPHE PLATONICIEN.

LIVRE ONZIEME.

UN mouvement de frayeur m'ayant réveillé tout d'un coup à l'entrée de la nuit, j'apperçus la Lune dans son plein fort brillante, qui sortoit des flots de la mer. Comme je n'ignorois pas que la puissance de cette grande Déesse est fort étenduë, que toutes les choses d'ici-bas se gouvernent par sa providence, que non-seu-

Tome II.   Dd

lement les animaux, mais même
les êtres inanimés, reſſentent les
impreſſions de ſa lumiere & de ſa
Divinité, & que tous les corps
qui ſont dans les Cieux, ſur la
terre & dans la mer s'augmentent
ou diminuent ſuivant qu'on la
voit croître ou décroître ; je pris
l'occaſion de la ſolitude & du ſi-
lence de la nuit, pour adreſſer
une priere à cette auguſte Déeſſe,
que je voyois briller dans les
Cieux, puiſque la fortune laſſe
de me perſécuter, m'offroit enfin
cette occaſion qui me donnoit
quelque eſpérance de voir finir
ma miſere. M'étant donc bien
réveillé, je me leve promptement,
& vais me laver dans la mer pour
me purifier. Je plonge ma tête
ſept fois dan l'eau, ſuivant la
doctrine du divin Pitagore, qui
nous apprend que ce nombre eſt
le plus convenable aux choſes qui
regardent la Religion ; enſuite

plein de joye & d'espérance, je
fis cette prière à la Déesse, avec
tant d'affection, que j'avois les
yeux tous baignés de larmes.

« Reine du Ciel, soit que vous «
soyez la bienfaisante Cerés, «
mere des bleds, qui dans la «
joye que vous ressentîtes d'a- «
voir retrouvé votre fille, ôtâtes «
aux hommes l'ancien usage du «
gland, dont ils vivoient à la «
maniere des bêtes, en leur en- «
seignant une nourriture plus «
douce ; vous qui avez choisi «
votre séjour dans les campa- «
gnes d'Eleusis : soit que vous «
soyez la céleste Venus, qui «
dans le commencement du «
monde, ayant produit l'amour, «
avez uni les deux sexes, & éter- «
nisé le genre humain, & qui «
êtes présentement adorée dans «
le Temple de Paphos que la «
mer environne : soit que vous «
soyez la sœur d'Apollon, qui «

» par les secours favorables que
» vous donnez aux femmes en-
» ceintes, avez mis au monde tant
» de peuples , & qui êtes révérée
» dans le magnifique Temple d'E-
» phése : soit enfin que vous soyez
» Proserpine , dont le nom formi-
» dable se célébre la nuit par des
» cris & des hurlemens affreux ;
» qui par votre triple forme arrê-
» tez l'impétuosité des Spectres
» & des Phantômes, en les rete-
» nant dans les prisons de la terre,
» qui parcourant diverses forêts,
» êtes adorée sous des cultes dif-
» férens ; vous qui êtes le second
» flambeau de l'Univers , & qui
» par vos humides rayons, nour-
» rissez les plantes , & répandez
» différemment votre lumiere à
» proportion que vous approchez
» ou reculez du Soleil. Grande
» Déesse, sous quelque nom, sous
» quelque forme, & par quelques
» cérémonies qu'on vous révére ,

secourez - moi dans mes extrê- «
mes difgraces ; relevez-moi de «
ma chûte malheureufe, & faites «
que je puiffe enfin joüir d'un «
doux repos, après tous les maux «
que j'ai foufferts : qu'il fuffife «
des travaux & des périls où j'ai «
été expofé. Otez - moi cette «
indigne figure de bête dont je «
fuis revêtu, & me rendez à mes «
parens & à mes amis, en me «
faifant redevenir Lucius ; que «
fi je fuis l'objet de la haine im- «
placable de quelque Dieu qui «
me perfécute fi cruellement pour «
l'avoir offenfé, qu'il me foit au «
moins permis de mourir, s'il ne «
m'eft pas permis de vivre dans un «
autre état. «

Après cette priere, qui fut encore fuivie de quelques lamenta-
tions triftes & touchantes, mes
fens accablés de langueurs fe laif-
ferent une feconde fois aller au
fommeil, au même endroit où je

D d iij

m'étois déja endormi. A peine
avois-je fermé les yeux, qu'il me
sembla que du milieu de la mer
sortoit une Divinité, qui éleva
d'abord une tête respectable aux
Dieux mêmes, & qui ensuite faisant sortir des flots peu à peu tout
son corps se présenta devant moi.
Je tâcherai de vous la dépeindre
telle que je la vis, si cependant la
foiblesse des expressions humaines
peut me le permettre, ou si cette
même Divinité m'inspire toute
l'éloquence qui est nécessaire pour
un si grand sujet.

Ses cheveux épais, longs &
bouclés ornoient sans art sa tête
divine, & tomboient négligem-
ment sur ses épaules. Elle étoit
couronnée de diverses fleurs, qui
par leur arrangement, formoient
plusieurs figures différentes; elle
avoit au-dessus du front un cercle
lumineux en forme de miroir, ou
plûtôt une lumiere blanche, qui

me faisoit connoître que c'étoit
la Lune. Elle avoit à droit & à
gauche deux serpens, dont la
figure représentoit assez bien des
sillons, sur lesquels s'étendoient
quelques épics de bled. Son habillement étoit d'une robe de lin
fort déliée, de couleur changeante,
qui paroissoit tantôt d'un blanc
clair & luisant, tantôt d'un jaune
de safrant, & tantôt d'un rouge
couleur de roses, avec une mante
d'un noir si luisant, que mes yeux
en étoient éblouïs. Cette mante
qui la couvroit de part & d'autre,
& qui lui passant sous le bras droit,
étoit rattachée en écharpe, sur
l'épaule gauche, descendoit en
plusieurs plis, & étoit bordée d'une
frange, que le moindre mouvement faisoit agréablement flotter.
Le bord de la mante, aussi-bien
que le reste de son étenduë, étoit
semé d'étoiles, elles environnoient
une Lune dans son plein, qui jet-

D d iiij

toit une lumiere très-vive ; autour de cette belle mante étoit encore attachée une chaîne de toutes sortes de fruits & de fleurs.

La Déeſſe avoit dans ſes mains des choſes fort différentes ; elle portoit en ſa droite un ſiſtre d'airain, dont la lame étroite & courbée en forme de baudrier, étoit traverſée par trois verges de fer, qui, au mouvement du bras de la Déeſſe, rendoient un ſon fort clair. Elle tenoit en ſa main gauche un vaſe d'or, en forme de gondole, qui avoit ſur le haut de ſon anſe un aſpic, dont le cou étoit enflé & la tête fort élevée ; elle avoit à ſes pieds des ſouliers tiſſus de feüilles de palmier. C'eſt en cet état que cette grande Déeſſe, parfumée des odeurs les plus exquiſes de l'Arabie heureuſe, daigna me parler ainſi.

« Je viens à toi, Lucius, tes » prieres m'ont touchée, je ſuis la

ISIDIS,
Ex numo argenteo; in
cuius dorso, Vota publica.

ISIS

Apud Ill.mus de Gesures
In Beryllo

nature, mere de toutes choses, la «
maîtresse des Elemens, la source «
& l'origine des siécles, la sou- «
veraine des Divinités, la Reine «
des Manes, & la premiere des «
habitans des Cieux. Je repré- «
sente en moi seule tous les «
Dieux & toutes les Déesses ; je «
gouverne à mon gré les bril- «
lantes voutes célestes, les vents «
salutaires de la Mer, & le triste «
silence des Enfers. Je suis la seule «
Divinité qui soit dans l'Univers, «
que toute la terre révére sous «
plusieurs formes, avec des céré- «
monies diverses & sous des noms «
différens. Les Phrygiens, qui «
sont les plus anciens & les pre- «
miers hommes, m'appellent la «
Mere des Dieux, Déesse de «
Pessinunte. Les Athéniens, ori- «
ginaires de leur propre païs, «
me nomment Minerve Cecro- «
pienne. Chez les habitans de «
l'Isle de Cypre, mon nom est «

» Venus de Paphos. Chez les
» Candiots, adroits à tirer de
» l'arc, Diane Dictinne. Chez
» les Siciliens, qui parlent trois
» langes, Proserpine Stygienne.
» Dans la ville d'Eleusis on m'ap-
» pelle l'ancienne Déesse Cerés,
» d'autres me nomment Junon,
» d'autres Bellone', d'autres Hé-
» cate, d'autres Némésis Rham-
» nusienne ; & les Ethiopiens, que
» le Soleil à son lever éclaire de
» ses premiers rayons, les peu-
» ples de l'Ariane, aussi-bien que
» les Egyptiens, qui font les pre-
» miers Sçavans du monde, m'ap-
» pellent par mon véritable nom,
» la Reine Isis, & m'honorent
» avec les cérémonies qui me font
» les plus convenables. Tu me
» vois ici touchée de l'excès de
» tes miséres, continuë la Déesse,
» tu me vois propice & favorable,
» arrête le cours de tes larmes,
» finis tes plaintes, & chasse la

triſteſſe qui t'accable : Voici «
bien-tôt le tems que ma divine «
providence a marqué pour ton «
ſalut ; écoutes-donc avec atten- «
tion les ordres que je vais te «
donner. Le jour qui va ſuivre «
cette nuit m'eſt consacré de tout «
tems ; demain mes Prêtres doi- «
vent m'offrir les premices de la «
navigation, en me dédiant un «
navire tout neuf & qui n'a point «
encore ſervi ; préſentement que «
les tempêtes qui regnent pen- «
dant l'Hyver ne ſont plus à «
craindre, & que les flots, de- «
venus plus paiſibles, permettent «
qu'on puiſſe ſe mettre en mer. «
Attends cette fête avec dévo- «
tion, & d'un eſprit tranquille ; «
car le grand Prêtre, ſuivant «
mon avertiſſement, portera pen- «
dant la cérémonie une cou- «
ronne de roſes attachée à ſon «
ſiſtre qu'il tiendra de la main «
droite. Suis donc la pompe avec «

» empreſſement, & avec confiance
» en ma bonté, perce la foule du
» peuple, & lorſque tu ſeras pro-
» che du Prêtre, fais comme ſi tu
» voulois lui baiſer la main, &
» mange des roſes, auſſi-tôt tu te
» dépoüilleras de la forme de cet
» indigne animal, qui m'eſt odieux
» depuis long-tems. Ne crains
» point de trouver aucune diffi-
» culté à ce que je t'ordonne ; car
» dans ce moment que je ſuis près
» de toi, je ſuis auſſi proche de
» mon Prêtre, & je l'avertis en
» ſonge de tout ce que je veux
» qu'il faſſe. Je ferai enſorte que
» le peuple, malgré la foule, te
» laiſſera le paſſage libre, & qu'au
» milieu de la joye & des agréa-
» bles ſpectacles de cette fête,
» nul n'aura d'averſion pour cette
» figure abjecte & mépriſable ſous
» laquelle tu parois, & que per-
» ſonne n'aura la malignité de
» t'imputer rien de fâcheux, en

expliquant en mauvaise part le «
changement subit de ta figure. «
Souviens-toi seulement, & n'en «
perds jamais la mémoire, que «
tout le reste de ta vie doit m'ê- «
tre dévoué jusqu'à ton dernier «
soupir. Il est bien juste que tu «
te reconnoisses entierement re- «
devable de la vie à une Déesse «
qui, par son secours, t'a remis au «
nombre des hommes. Au reste «
tu vivras heureux & plein de «
gloire sous ma protection, & «
lorsqu'après avoir accompli le «
tems que tu dois être sur la terre, «
tu seras descendu aux Enfers, «
dans cet hémisphére souterrain, «
où tu auras l'avantage d'habiter «
les Champs Elisées, tu ne man- «
queras pas d'être régulier à m'a- «
dorer, moi qui brille dans les «
ténébres de l'Acheron, & qui «
regne dans le palais infernal, «
& j'y recevrai tes hommages «
avec bonté. Si avant ce tems-là «

» par tes respects, si par un ferme
» attachement au culte qui m'est
» dû, & par une chasteté inviola-
» ble, tu te rends digne de mes
» graces, tu connoîtra que je puis
» seule prolonger le terme de ta
» vie, au-delà des bornes que le
» destin y a prescrites. »

Après que cette puissante Déesse
m'eut ainsi déclaré ses volontés,
elle disparut ; & dans le moment
m'étant réveillé, je me levai tout
en sueur, plein de frayeur, de
joye & d'admiration de la pré-
sence si manifeste de cette grande
Divinité. Je fus me laver dans la
mer, l'esprit fort occupé des ordres souverains, qu'elle m'avoit
donnés, & repassant en moi-même
tout ce qu'elle m'avoit dit. Peu de
tems après, le Soleil ayant chassé
les ténébres de la nuit, commença
à montrer ses premiers rayons.
Aussi-tôt tous les chemins furent
remplis d'une infinité de peuples,

qui venoient avec allégreſſe pour
ſe rendre à la fête. La joye étoit
ſi grande de tous côtés, outre
celle que je reſſentois, qu'il me
ſembloit qu'elle s'étendoit juſques
ſur les animaux, & que le jour &
même les Etres inanimés, avoient
une face plus riante ; car après
la gelée blanche de la nuit précédente, le Soleil ramenoit le
plus beau jour de la nature, enſorte que les oiſeaux réjoüis du
retour du Printems, rempliſſoient
l'air de leurs chants mélodieux,
& par de doux concerts, rendoient
hommage à la ſouveraine mere
des Tems, des Aſtres, & de tout
l'Univers. Les arbres même, tant
ceux qui rapportent des fruits,
que ceux qui ne ſervent qu'à donner de l'ombrage, ranimés par
la chaleur des vents du Midi,
& embellis par leur verdure re-
naiſſante, faiſoient entendre un
agréable murmure qu'excitoit le

doux mouvemens de leurs branches. La mer ne faifoit plus gron-
der fes tempêtes & fes orages ;
fes flots tranquilles moüilloient
doucement le rivage, & la brillante voute des Cieux, n'étoit ob-
fcurcie par aucun nuage.

Cependant le pompeux appareil de cette fête commence à fe
mettre en marche. Tous ceux qui
le compofoient s'étoient ajuftés
de différentes manieres, chacun
fuivant fon goût & fon inclina-
tion. L'un avec un baudrier fur
le corps, repréfentoit un foldat ;
un autre étoit en chaffeur, avec
une cafaque, un petit fabre au
côté, & un épieu dans fa main ;
celui-ci chauffé avec des fouliers
dorés, vêtu d'une robe de foye,
& paré magnifiquement de tous
les ornemens qui conviennent au
beau fexe, ayant fes cheveux ac-
commodés fur le haut de fa tête,
repréfentoit une femme par fon
ajuftement

ajuſtement & par ſa démarche ;
celui-là avec ſes bottines, ſon bouclier, ſa lance & ſon épée, ſembloit ſortir d'un combat de Gladiateurs ; cet autre étoit en Ma-
giſtrat, avec une robe de pourpre, & des faiſſeaux qu'on portoit devant lui ; tel auſſi s'étoit
mis en Philoſophe par ſon manteau, ſon bâton, ſes ſandales &
ſa barbe de bouc. Il y en avoit
encore qui étoient en Oiſeleurs
& en Pêcheurs ; les uns portant
des hameçons, & les autres des
roſeaux pleins de glu. J'y vis auſſi
un ours apprivoiſé, qu'on portoit
dans une chaiſe, habillé en femme
de qualité, & un ſinge coëffé d'un
bonnet brodé & habillé d'une
robe à la Phrygienne, couleur de
ſafran, tenant une coupe d'or en
ſa main, & repréſentant Gani-
méde. On y voyoit encore un âne
à qui l'on avoit attaché des aîles,
qui ſuivoit un vieillard fort caſſé,

vous euſſiez dit que c'étoit Pégaſe & Bellerophon , & n'auriez pû vous empêcher de rire, en les voyant l'un & l'autre.

Au milieu de tout ce peuple joyeux & plaiſamment déguiſé , la pompe particuliere de la Déeſſe protectrice s'avançoit, Elle étoit précédée de pluſieurs femmes habillées de blanc, qui avec un air fort gai, portoient diverſes choſes dans leurs mains. Elles avoient des couronnes de fleurs printannieres ſur la tête ; elles en avoient d'autres qu'elles ſemoient ſur le chemin par où la troupe ſacrée devoit paſſer. On en voyoit d'autres avec des miroirs attachés ſur les épaules , qui repréſentoient à la Déeſſe tous ceux qui la ſuivoient , comme s'ils fuſſent venu au-devant d'elle. Quelques-unes tenoient des peignes d'yvoire , & par les geſtes de leurs bras & les mouvemens de leurs doigts ,

faisoient semblant de peigner &
d'ajuster les cheveux de la Reine
des Dieux, & d'autres versoient
goutte à goutte devant ses pas du
baume & des huiles précieuses.

Outre tout cet appareil, une
infinité d'hommes & de femmes
tâchoient de se rendre favorable
la Déesse des Astres, en portant
des torches, des flambeaux de
cire, des lampes, & toutes sortes
de lumieres artificielles. Ensuite
une troupe de Musiciens faisoient
retentir l'air par des concerts mélodieux de voix & de flûtes. Ils
étoient suivis par un chœur de jeunes garçons parfaitement beaux,
vêtus de robes blanches destinées
pour les cérémonies, qui chan-
toient par reprises un Poëme in-
génieux, qu'un excellent Poëte
inspiré par les Muses avoit com-
posé pour expliquer le sujet de
cette grande fête.

Parmi eux marchoient des

joüeurs de flûte , confacrés au grand Sérapis ; qui faifoient entendre fur leurs flûtes traverfiéres les airs deftinés au culte de ce Dieu dans fon Temple. Plufieurs Huiffiers marchoient enfuite, qui avertiffoient le peuple de fe ranger , & de laiffer le chemin libre aux Simulacres des Dieux ; après eux fuivoient en foule des troupes de gens initiés dans les facrés myfteres , hommes & femmes de toutes fortes d'âges & de conditions, vêtus de robes de lin d'une blancheur éclatante. Les femmes avoient leurs cheveux parfumés d'effence, & pliés dans un bonnet de gaze tranfparente ; & les hommes avoient la tête raze & luifante. Ces Aftres terreftres, ces vénérables Miniftres de la vraye Religion, faifoient un fort grand bruit avec des fiftres d'airain, d'argent & même d'or ; enfuite les principaux d'entre les Prêtres,

In Museo Albano

revêtus d'aubes de lin fort blanches, qui leur descendoient jufqu'aux pieds, portoient les sym-
boles des Dieux.

Le premier tenoit une lampe
trés-brillante; elle n'étoit pas faite
comme celle dont nous nous fer-
vons pour nous éclairer le soir
pendant nos repas; c'étoit un vase
d'or, en forme de gondole, qui
de l'endroit le plus large, jettoit
une fort grande flamme. Le second soutenoit avec ses deux
mains de petits autels, qu'on appelle les secours, nom que la Providence secourable de la grande
Déesse leur a donné. Le troisiéme
portoit le Caducée de Mercure,
avec une palme, dont les feüilles
étoient d'or. Le quatriéme tenoit
en l'air le symbole de la Justice;
c'étoit une main gauche, dont les
doigts étoient étendus, & qui par
sa paresse naturelle & son manque
d'adresse, semble mieux convenir

à la justice qu'une main droite. Ce même Prêtre tenoit un vase d'or, en forme de mamelle, dont il versoit du lait. Le cinquiéme portoit un van d'or plein de petites branches de même métal, & un autre une bouteille.

Les Dieux suivoient immédiatement, qui ne dédaignoient point d'être portés par des hommes. L'un avoit une tête de chien [a]; l'autre, qui est le Messager des Cieux & des Enfers, tenoit sa tête droite, & avoit le visage à moitié noir & à moitié doré ; il avoit un caducée dans sa main gauche, & dans sa droite une palme verte. Après lui paroissoit une [b] Vache, élevée sur ses pieds de derriere, figure de la Déesse, mere féconde de toutes les choses ; un des Prêtres la portoit sur ses épaules, avec une démarche pompeuse ; une autre tenoit une corbeille où étoient

a *Anubis.*   b *Figure d'Isis.*

renfermés les secrets & les mysteres de la Religion : Celui qui le
suivoit, portoit dans son bienheureux sein l'adorable image de la
souveraine Divinité, qui n'avoit
rien de la forme d'un oiseau ou
d'une bête, soit domestique ou
sauvage, ni même de l'homme,
mais qui, vénérable par sa singu-
larité & par l'artifice de sa cons-
truction, marquoit la sublimité
de la Religion, mieux qu'aucun
discours ne l'auroit pû faire, &
faisoit voir qu'on doit cacher ses
mysteres sous un profond silence.
C'étoit une petite urne d'or, parfaitement bien travaillée, ronde
par le fond ; on y voyoit gravés
les merveilleux Hiérogliphes des
Egyptiens ; son orifice qui n'étoit
pas fort élevé, s'étendoit d'un côté
& formoit un long tuyau ; de l'autre elle avoit une anse fort grande,
qu'entortilloit jusqu'au haut un
aspic, dont le cou plein d'écailles

s'élevoit en se courbant.

Enfin le moment favorable que la puissante Déesse m'avoit promis approchoit, & le Prêtre tel qu'elle me l'avoit dépeint, s'avançoit portant ce qui devoit finir mes malheurs. Il tenoit en sa main droite le sistre de la Déesse & une couronne de roses, qui étoit véritablement une couronne pour moi, puisque par la divine Providence, après avoir surmonté tant de travaux & évité tant de périls, je remportois la victoire sur la fortune ennemie, qui me persécutoit depuis si long-tems. Quoique je me sentisse pénétré tout d'un coup d'une joye extraordinaire, je ne m'avançai point avec trop d'empressement, dans la crainte que j'eus que la course précipitée d'un animal tel que moi ne troublât l'ordre & la cérémonie de la fête ; mais d'une démarche posée, telle qu'auroit

pû

Desmaretz in.
Thomassin sc.
4

pû l'avoir un homme, je m'avançai respectueusement au travers
de la foule du peuple, qui se ran-
geoit, comme par une inspiration
de la Déesse, & me laissoit le pas-
sage libre. Je m'approchai du Prêtre insensiblement. Si-tôt qu'il
m'apperçut, il se souvint de l'aver-
tissement qu'il avoit eu la nuit en
songe ; ce que je connus bien, car
il s'arrêta d'abord saisi d'admiration, de voir que les choses se
rapportoient aux ordres qu'il avoit
reçûs, & de lui-même étandant
la main, il approcha de ma bouche la couronne qu'il tenoit. Je
pris en tremblant & avec une pal-
pitation de cœur extraordinaire
cette couronne, composée de roses fraîches & vermeilles, & je la
dévorai avec avidité.

Je vois aussi-tôt l'effet de la
promesse des Dieux. D'abord je
perds cette indigne forme d'animal, dont j'étois revêtu ; tout ce

poil affreux que j'avois sur le corps
tombe & ne paroît plus ; ma peau
qui étoit épaisse & dure devient
tendre & délicate ; mon grand
ventre se rapetisse ; la corne de
mes pieds s'étend & forme des
doigts ; mes mains cessent d'être
des pieds, & redeviennent propres
à leurs fonctions ; mon cou s'ac-
courcit ; mon visage & ma tête
prennent une figure ronde ; mes
longues oreilles diminuent & re-
viennent dans leur premier état ;
mes dents énormes deviennent
semblables à celles des hommes ;
& cette grande queuë, que j'étois
si fâché d'avoir , disparoît entié-
rement. Tout le peuple reste dans
l'admiration. Les personnes pieuses adorent le pouvoir si manifeste de la grande Déesse , dans
la facilité d'une telle métamor-
phose, & d'un miracle semblable
à ceux que les songes produisent
pendant le sommeil, & avec une

voix haute & unanime, tendant
les mains au Ciel, ils publient
tous cet éclatant bienfait de la
Déesse. Pour moi, saisi d'étonne-
ment, & pénétré, ou plûtôt ac-
cablé, pour ainsi dire, de l'excès
de ma joye, je restois dans le silence, n'ayant pas la force d'ouvrir la bouche, quoique l'usage
de la parole me fût rendu, & je
ne sçavois par où commencer,
ni par quelles expressions assez
dignes je pourrois marquer ma
reconnoissance à la puissante Divinité qui m'avoit été si favorable.

Cependant le Prêtre qui avoit été
instruit par la Déesse de tout les
maux que j'avois soufferts depuis
ma disgrace, demeura aussi fort
surpris lui-même d'une si grande
merveille. Il ne laissa pas néanmoins de faire signe qu'on me
donnât une robe de lin pour me
couvrir ; car d'abord que j'eus
quitté cette honteuse forme d'âne,

je me trouvai tout nud , & je n'a-
vois que mes mains pour me cacher. Aussi-tôt un des Ministres
de la Religion ôta sa premiere
robe de dessus lui , & me la mit
promptement sur le corps. Quand
cela fut fait , le Prêtre me regardant avec un visage où la joye
étoit peinte , me parla ainsi.

» Lucius, après tous les maux
» que vous avez soufferts, après
» tant de rudes assauts que la for-
» tune vous a livrés , & toutes
» les tempêtes que vous avez
» essuyées, vous êtes enfin arrivé
» au port du repos , & vous avez
» trouvé grace devant les Dieux ;
» ni votre illustre naissance , ni
» votre propre mérite , ni même
» toutes les sciences que vous pos-
» sédez, ne vous ont servi de rien,
» & vous étant laissé aller au pen-
» chant d'une ardente jeunesse ,
» vous vous êtes livré aux indi-
» gnes voluptés de l'amour , & vo-

tre malheureuse curiosité vous «
a coûté bien cher. Cependant, «
après tant d'affreuses disgraces, «
où l'aveugle fortune vous a plon-«
gé, elle vous a conduit, contre «
son intention & par sa persécu- «
tion même, à cet heureux état «
dont on joüit lorsqu'on s'est con- «
sacré au culte de la Religion ; «
qu'elle se retire donc, & qu'elle «
cherche un autre objet pour «
exercer ses fureurs ; car sa rage «
ne peut rien contre ceux que no- «
tre grande Déesse prend à son «
service & en sa défense. Quel «
avantage cette aveugle fortune «
a-t'elle retiré de vous avoir fait «
tomber entre les mains des vo- «
leurs, de vous avoir fait essuïer de «
si grandes fatigues, par tant de «
voyages, dans des chemins diffi- «
ciles ; de vous avoir livré aux dan- «
ger d'être dévoré par les bêtes «
sauvages, & de vous avoir exposé «
chaque jour aux horreurs de la «

F f iij

» mort? Vous voilà présentement
» sous la protection d'une autre
» fortune qui voit clair, & illu-
» mine tous les autres Dieux par
» l'éclat de sa lumiere. Prenez
» donc, Lucius, un visage plus
» gai & plus convenable à cette
» robe blanche dont vous êtes
» revêtu ; accompagnez avec joye
» la pompe de la Déesse, qui a
» daigné prendre soin de vous.
» Que les impies voyent le mi-
» racle qu'elle a fait en votre per-
» sonne, qu'ils le voyent & qu'ils
» reconnoissent leurs erreurs : Lu-
» cius est maintenant délivré de
» tous ses malheurs ; le voilà qui
» joüit des faveurs de la grande
» Déesse Isis, & qui triomphe de
» la mauvaise fortune. Cependant,
» afin que vous soyez plus en su-
» reté & mieux protegé, engagez-
» vous dans cette sainte milice,
» c'est un parti que vous serez
» bien aise un jour d'avoir em-

braſſé, & dès ce moment con- «
ſacrez-vous, de votre bon gré, «
au culte & au miniſtere de notre «
Religion ; car ſi-tôt que vous «
aurez commencé à ſervir la «
Déeſſe, vous joüirez avec en- «
core plus de plaiſir des avanta- «
ges de votre liberté. »

Ainſi parla cet illuſtre Prêtre, en pouſſant de profonds ſoupirs ; enſuite la pompe ſacrée continua ſa marche. Je la ſuivis au milieu des Miniſtres de la Déeſſe. Je fus bien-tôt connu & remarqué de tout le peuple, les uns me déſignant aux autres par un mouvement de tête, & me montrant avec la main, chacun parloit de mon avanture : Voilà, diſoit-on, celui à qui la toute-puiſſante Déeſſe a rendu la forme humaine ; il eſt certainement très-heureux d'avoir mérité par l'innocence & la probité de ſes mœurs, cette inſigne faveur des Cieux, de renaître, pour ainsi dire, & d'être reçû dans le ministere des choses sacrées.

Après qu'on eut marché quelque tems au milieu des acclamations & des vœux de tout le peuple, nous arrivâmes au bord de la mer, & au même endroit où, sous ma figure d'âne, j'avois passé la nuit. On y rangea par terre les images des Dieux, suivans l'ordre accoutumé; ensuite le grand Prêtre, par d'augustes prieres que sa sainte bouche prononçoit, consacra à la Déesse un navire artistement construit, où l'on voyoit les merveilleux caracteres des Egyptiens peints de tous côtés, & qu'on avoit purifié avec une torche ardente, un œuf & du souphre. Sur la voile blanche de cet heureux vaisseau, étoient écrits en gros caracteres les vœux qu'on renouvelloit pour recommencer d'heureuses navigations. On dresse le mas ; c'étoit un pin rond, fort grand & fort beau, dont la hune étoit extrêmement ornée.   On voyoit sur la poupe une oye en sculpture, avec son long cou recourbé, toute dorée, & fort brillante, & le vaisseau tout entier étoit fait de bois de citronnier, parfaitement bien travaillé.

Le peuple, aussi-bien que les Prêtres, commencerent à porter à l'envie les uns des autres, des corbeilles pleines d'aromates, & de plusieurs choses propres aux sacrifices, qu'ils jettoient dans le vaisseau. Ils verserent aussi dans la mer une composition faite avec du lait & d'autres matieres. Quand le navire fut chargé de toutes ces pieuses offrandes, on détacha l'ancre qui le tenoit arrêté, & dans le moment un vent doux & propice, l'éloigna du rivage, & le poussa en pleine mer. Lorsqu'on l'eût perdu de vûë, les Prêtres reprirent toutes les choses sacrées qu'ils avoient mises à terre, & retournerent au temple avec allégresse, & dans le même ordre qu'ils étoient venus.

D'abord que nous y fûmes arrivés, le grand Prêtre, ceux qui portoient les images des Dieux, & ceux qui étoient initiés depuis long-tems dans les sacrés mystéres, entrerent dans le sanctuaire de la Déesse, où l'on remit par ordre tous ces Dieux, qui étoient si bien travaillés, qu'ils paroissoient vivans. Alors celui d'entre les Prêtres, qui étoit le Sécretaire, se tenant debout à la porte, appella tous les Pastophores à l'assemblée : (c'est ainsi qu'on nomme ceux qui composent cette très-sainte société) ensuite étant monté dans une chaire fort élevée avec un livre à la main, il lut tout haut des prieres pour la prospérité de l'Empereur, du Sénat, des Chevaliers, & de tout le peuple Romain, pour le bonheur de la navigation, & pour la prospérité de tous ceux qui composent notre Empire ; il finit en prononçant en Grec, suivant la coutume, que la cérémonie étoit achevée, & qu'on pouvoit se retirer. Le peuple répondit en souhaitant que tout ce qu'on avoit fait pût être pour le bien & l'utilité de tout le monde, & chacun s'en retourna chez soi la joye peinte sur le visage, après avoir jetté des rameaux d'olivier, de la verveine, & des couronnes de fleurs devant la statuë d'argent de la Déesse qu'on avoit posée sur un autel, & lui avoit baisé les pieds.

A mon égard, je ne pouvois me résoudre à m'en éloigner pour un seul instant, & les yeux toujours attachés sur cette sainte image, je rappellois dans mon esprit tous mes malheurs passés.

Cependant la renommée avoit
déja déployé ses aîles pour aller
publier par tout dans mon païs
l'avanture surprenante qui m'é-
toit arrivée, & le bienfait que
j'avois reçû de la Déesse. Aussi-tôt
mes parens, mes domestiques &
mes esclaves mettant bas la tristesse, que le faux bruit de ma
mort leur avoit causée, accou-
rent transportés de joye & avec
des présens, pour voir un homme
que les Dieux avoient conservé,
& retiré, pour ainsi dire, des Enfers.

Leur vûë, à laquelle je ne
m'attendois pas si-tôt, me fit
un fort grand plaisir. Je les re-
merciai de leurs offres honnê-
tes, mes gens avoient eu soin
de m'apporter suffisamment ce
qui m'étoit nécessaire. Après que
je les eus salués l'un après l'autre, comme je le devois, & que
je leur eus conté mes travaux

passés & ma joye présente, je
retournai devant l'image de la
Déesse, que je ne me lassois point
de considerer, & je fis marché
pour le loüage d'une maison dans
l'enceinte du temple, où j'établis
ma demeure pour un tems. Je me
trouvois continuellement dans la
société des Prêtres, & j'étois assi-
dument attaché au service de la
Déesse, dont je ne me séparois
point.

Je ne passai pas une seule nuit,
& le sommeil ne ferma pas mes
yeux un moment, qu'elle ne m'ap-
parût en songe, & ne me donnât
des avertissemens. Elle m'ordonna
plusieurs fois de me faire initier
dans sa Religion. Quoique j'y fusse
destiné depuis long-tems, & que
je le souhaitasse avec beaucoup
de passion, une pieuse crainte me
retenoit, parce qu'examinant avec
soin les devoirs du ministere de
la Religion, je connoissois qu'il

n'étoit pas aifé de s'en bien ac-
quitter ; que la chafteté qu'on
étoit obligé de garder, étoit une
chofe fort difficile, & qu'il falloit
bien de la prudence & de la cir-
confpection pour fe maintenir
dans l'innocence, au milieu de
tant de dangers où l'on eft expofé
dans la vie. Ainfi l'efprit toujours
occupé de fes penfées, malgré
toute mon envie, je differois in-
fenfiblement de jour en jour à
me faire recevoir.

Il arriva qu'une nuit pendant
mon fommeil, je crus voir le grand
Prêtre ; il me fembla qu'il m'offroit plufieurs chofes, qu'il portoit dans fon fein ; que je lui en
demandois la raifon, & qu'il me
répondoit : Que tout cela m'étoit
envoyé de Theffalie, & même
que mon valet, nommé Candidus,
venoit d'en arriver. Lorfque je
fus éveillé, je cherchai long-tems
dans mon efprit ce qu'une telle

vision pouvoit me présager, d'autant plus que je sçavois bien certainement n'avoir jamais eu de valet qui s'appellât Candidus : Cependant de quelque maniere que j'interprétasse ce songe, je trouvois que ces choses qu'on m'offroit ne pouvoient m'annoncer que du profit. Etant ainsi occupé de l'espérance de quelque événement avantageux, j'attendois qu'on ouvrît les portes du temple, à l'heure qu'on a coutume de le faire tous les matins. Quand nous y fûmes entrés, & qu'on eût tiré le rideau qui couvroit l'adorable image de la Déesse, nous nous prosternâmes tous devant elle. Pendant ce tems, le Prêtre alla à tous les autels l'un après l'autre, & mit tout en ordre pour le service divin ; ensuite, avec les oraisons accoutumées, il répandit un vase plein d'eau d'une fontaine, qui étoit dans le lieu le plus secret du temple, & aussi-tôt tous les Prêtres annoncerent la premiere heure du jour, & firent les prieres du matin.

Dans ce moment arriverent de mon païs les valets que j'y avois laissés, dans le tems que Fotis, par sa malheureuse méprise, me changea en âne. Mes parens avoient eu soin de me les renvoyer, & mon cheval aussi qui avoit été à plusieurs maîtres, & qu'ils avoient recouvré, l'ayant reconnu à une marque qu'il avoit sur le dos. J'admirai la justesse de mon songe, en ce qu'avec le gain qu'il m'avoit promis, il m'avoit annoncé la restitution de mon cheval, en me le désignant sous le nom d'un valet nommé Candidus, à cause de la couleur du poil de cet animal.

Je continuai à faire toute mon occupation du service de la Déesse, flaté de l'espérance des biens qu'elle

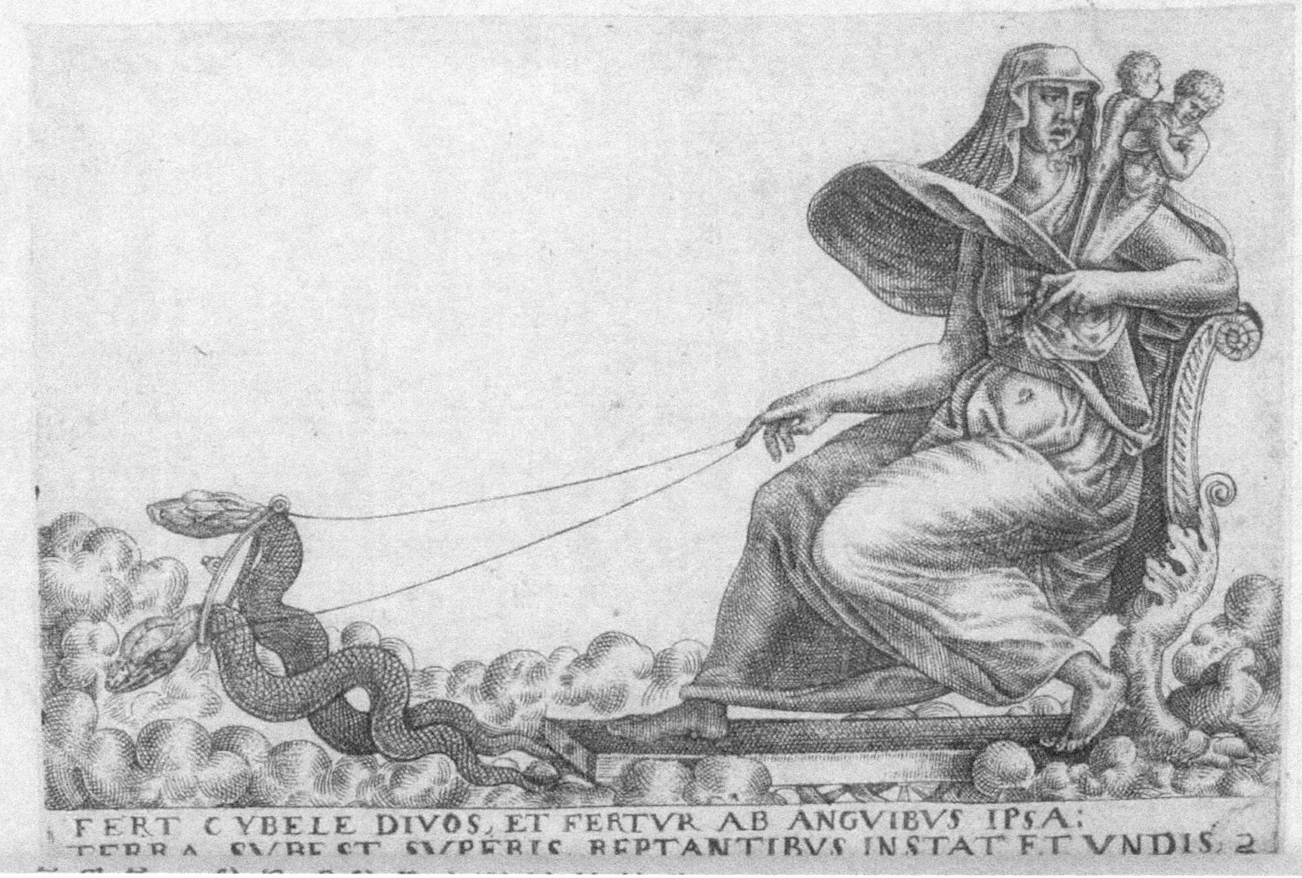

FERT CYBELE DIVOS, ET FERTVR AB ANGVIBVS IPSA;
TERRA SVBEST SVPERIS REPTANTIBVS INSTAT ET VNDIS. 2

qu'elle me promettoit à l'avenir,
confirmé par des bienfaits préfens, & dès ce moment le défir
que j'avois d'être reçû dans la
Religion, s'augmentoit tous les
jours de plus en plus. J'allai trouver plufieurs fois le grand Prêtre,
pour le conjurer, avec toutes les
inftances poffibles, de m'initier
enfin dans les myfteres de la nuit
confacrée. Mais lui qui étoit un
homme grave, & grand obfer-
vateur des Loix de cette chafte
Religion, differoit ma réception
en me parlant avec la même dou-
ceur & la même bonté que les
peres ont accoutumé de faire à
leurs enfans, pour moderer leurs
defirs prématurés ; & me donnant
de bonnes efpérances, il tâchoit
d'adoucir & de calmer l'inquié-
tude de mon efprit. Il me difoit,
Que lorfque quelqu'un devoit
être initié, la Déeffe faifoit connoître fa volonté fur le jour qu'on

devoit prendre pour cet effet,
fur le Prêtre qu'elle choififfoit
pour en faire la cérémonie, &
fur la dépenfe qu'il y falloit faire.
Qu'ainfi nous devions attendre
avec une patience pleine de fou-
miffion, & que je priffe garde
d'éviter les deux extrémités ; d'a-
voir trop d'empreffement avant
le commandement de la Déeffe,
ou trop de négligence après avoir
été appellé ; qu'il n'y avoit pas
un de fes Prêtres qui eût affez
perdu l'efprit, ou plûtôt qui fe
fouciât fi peu de perdre la vie,
pour ofer commettre le crime &
l'impiété de me recevoir s'il n'en
avoit eu l'ordre exprès de la
Déeffe, puifque notre vie & notre mort font dans fes mains, &
que l'initiation dans les myfteres,
fe faifoit en forme d'une mort
volontaire, & d'une vie que l'on
ne tenoit plus que de la bonté de
la Déeffe ; qu'elle avoit même

coutume de choisir pour son service des hommes d'un âge fort
avancé, capables cependant de
garder sous le silence ses mysteres
secrets, & que par sa Providence
elle les faisoit, pour ainsi dire,
renaître & entrer dans la carriere
d'une nouvelle vie ; qu'il falloit
donc que j'attendisse l'ordre des
Cieux, quoique par la bonté de
la Déesse, qui s'étoit manifestée
d'une maniere si éclatante à mon
égard, je fusse destiné à ce bienheureux ministere ; que je devois
dès ce jour m'abstenir des viandes
profanes & défenduës, comme les
autres Religieux, afin que mon
esprit pût mieux atteindre aux
secrets les plus cachés de cette
sainte Religion.

C'est ainsi que le Prêtre me
parla : je lui obéïs en moderant
mon impatience, & j'assistois tous
les jours très-assidument au service divin, l'esprit tranquille, &

gardant un silence respectueux.
Enfin la bonté de la puissante
Déesse ne trompa point mon espérance, elle ne voulut pas me
faire languir davantage par un
plus long délai, & dans une nuit
obscure, elle m'avertit fort clai-
rement pendant mon sommeil,
que le jour que j'avois tant sou-
haité étoit arrivé ; elle m'instruisit
aussi de la dépense qu'elle vouloit
que je fisse pour ma réception, &
me désigna en même-tems son
grand Prêtre lui-même pour en
faire la cérémonie, en me disant
qu'il y avoit une union entre lui
& moi, causée par l'influence des
Astres.

Après que cette grande Divinité m'eut ainsi annoncé ses
ordres, je m'éveillai un peu
avant le jour, l'esprit fort content, & dans l'instant j'allai chercher le grand Prêtre à son appar-
tement. Je le trouvai qui sortoit

de fa chambre, je le faluai & le
fuivis, dans la réfolution de lui
demander encore plus inftam-
ment que je n'avois fait, d'être
admis dans le facré miniftere ,
comme une chofe qui m'étoit duë.
Mais fi-tôt qu'il m'eut apperçu,
il me parla le premier : O mon
cher Lucius, me dit-il, que vous
êtes heureux de ce que l'adorable
Déeffe vous honore ainfi de fes
faveurs ; qu'attendez-vous ? pourquoi n'êtes-vous pas plus em-
preffé ? voici le jour que vous
avez fouhaité fi conftamment &
avec tant de paffion : c'eft en ce
jour que, fuivant le commandement de cette Divinité, vous allez
par mon miniftere lui être dé-
voüé. En même tems ce bon
vieillard m'ayant pris par la main,
me mena à la porte du temple.
Après qu'elle fut ouverte avec les
cérémonies accoutumées , & que
le facrifice du matin fut achevé ,

il tira du fond du Sanctuaire certains livres pleins de prieres, écri-
tes avec des caracteres * inconnus,
qui contenoient les termes des
Formules sacrées en abregé, sous
des figures de toutes sortes d'animaux, & d'une grande quantité
de differens accens ; les uns formés comme des nœuds, les autres ronds, en façon de rouës,
& les autres tortueux, comme les
tenons qui attachent la vigne à
ses soutiens, ce qui étoit ainsi
pour empêcher que les profanes
trop curieux ne pussent les lire.
Il me lut dans ces livres ce que
je devois préparer pour le sacrifice de mon initiation.

Je n'y perdis pas un moment,
& j'eus bien-tôt acheté moi-
même, & fait acheter par mes
amis, toutes les choses nécessaires,
& plus encore qu'on ne m'en
avoit demandé. Lorsque l'heure

____
* C'étoient des figures hiéroglyfiques.

fut venuë, à ce que difoit le Prêtre, il me conduifit aux bains pro-
chains, accompagné de tous les
Religieux. Après que je me fus
lavé, & qu'il eut fait les prieres
qu'on fait d'ordinaire en cette
occafion, il me purifia, en jettant
de l'eau fur moi, enfuite les deux
tiers du jour étant déja paffés,
il me ramena dans le temple, &
me plaça devant l'image de la
Déeffe, où, après m'avoir dit
en fecret des chofes qu'il ne m'eft
pas permis de révéler, il me commanda tout haut devant les affif-
tans de jeûner pendant dix jours,
en m'abftenant de boire du vin,
& de manger de la chair d'aucun
animal. J'obfervai ce commandement avec beaucoup de régu-
larité. Enfin le jour étoit arrivé,
où je devois me préfenter pour
être initié. Le Soleil panchoit
déja vers la fin de fa courfe,
lorfque le peuple accourt de

toutes parts, on me fait plusieurs
présens, suivant l'ancienne coutume de la Religion ; ensuite le
Prêtre ayant fait retirer tous les
profanes, me prend par la main,
& me conduit dans le sanctuaire
du temple, couvert comme j'étois
d'une robe de lin toute neuve.

Peut-être, Lecteur curieux, me
demanderez-vous avec empressement ce qui se passa dans la suite,
je vous le dirois s'il m'étoit permis de vous le dire, & vous l'ap-
prendriez s'il vous étoit permis
de l'entendre ; mais les langues
qui le révéleroient, & les oreilles
qui l'écouteroient, se rendroient
également coupables d'une indis-
crétion & d'une curiosité témé-
raire. Je vais cependant contenter
en ce que je pourrai le pieux desir
que vous avez d'en sçavoir quelque chose. Ecoutez-donc, & soyez
persuadé de la vérité de ce que
je vais dire. Je fus conduit aux
portes

portes du trépas, & je pofai le pied
jufques fur l'entrée du palais de
Proferpine ; j'en revins paffant par
tous les Elemens ; je vis au milieu
de la nuit le Soleil brillant d'une
lumiere très-vive ; j'arrivai en la
préfence des Dieux du Ciel & des
Enfers, & je les adorai de fort
près. Ce font là des chofes que
vous ne fçauriez comprendre,
quoique vous les ayez entenduës.
Je vais donc vous raconter feule-
ment ce qu'on peut faire entendre
aux profanes fans crime.

Le point du jour arriva, & les
cérémonies étant achevées, je
fortis du Sanctuaire, vêtu de douze
robes facrées; habillement myfté-
rieux, mais dont aucune loi ne
me défend de parler, d'autant
plus, que tous ceux qui s'y trouverent me virent en cet état ; car
le Prêtre m'ordonna de monter
fur un fiége fort élevé, qui étoit
dans le milieu du temple, vis-à-vis

l'image de la Déesse. J'étois orné
d'une robe de lin parfaitement
bien brodée, par deſſus j'avois un
manteau magnifique qui pendoit
derriere moi juſqu'à terre, & de
quelque côté qu'on me regardât,
tout mon habillement étoit plein
de figures d'animaux de differentes couleurs : on y voyoit des dra-
gons des Indes, & des Griffons ;
qui naiſſent chez les Hyperbo-
réens, avec la tête & les aîles
d'un oiſeau, & le reſte du corps
d'un lion ; les Prêtres nomment
cet ajuſtement l'habit olympique.
Je tenois de la main droite un
flambeau allumé, & j'avois une
couronne de palmier, dont les
feüilles formoient comme des
rayons autour de ma tête.

Etant ainſi paré comme l'image
du Soleil, & poſé comme une
ſtatuë, on tira le rideau qui me
cachoit aux yeux du peuple, &
je fus expoſé à ſes regards. Toute

cette cérémonie étant achevée,
je célébrai l'heureux jour de ma
réception, en donnant de déli-
cieux festins, qui se passerent avec
beaucoup de joye & de gayeté ;
les mêmes cérémonies durerent
trois jours de suite, commençant
toujours par le sacré déjeûner, &
finissant par le sacrifice.

Pendant le peu de tems que
j'y demeurai, je goutois un plaisir qui ne se peut exprimer,
en contemplant l'image de la
Déesse, qui m'avoit procuré un
bienfait au-dessus de toute reconnoissance. Cependant après lui
avoir fait, selon ses ordres, d'hum-
bles remerciemens, qui n'étoient
pas dignes d'elle à la vérité, mais
qui étoient selon mon pouvoir,
je me préparai sans beaucoup
d'empressement à retourner dans
mon païs. Après que je me fus
arraché, avec beaucoup de peine,
aux liens du desir ardent qui me

retenoient auprès d'elle, un jour
enfin prosterné à ses pieds, les
yeux baignés de larmes, & bai-
sant plusieurs fois la terre, je lui
fis cette priere que mes fréquens
sanglots interrompoient à tous
momens.

« O sainte & perpétuelle con-
» servatrice du genre humain, qui
» toujours attentive à répandre
» liberalement vos bienfaits sur
» les hommes, faites voir une ten-
» dresse de mere à ceux qui sont
» tombés dans quelque malheur ;
» il ne se passe pas un seul jour,
» ni même un seul instant, que
» vous n'exerciez vos bontés, que
» vous ne fassiez voir aux mor-
» tels des effets de votre protec-
» tion, tant sur la mer que sur la
» terre, & qu'après avoir écarté
» les orages dont cette vie est agi-
» tée, vous ne leur tendiez une
» main secourable, qui a le pou-
» voir de retarder les arrêts des

Parques, de calmer les bouraf- «
ques de la fortune, & de dé- «
tourner les malignes influences «
des Aftres. Les Dieux du Ciel «
& des Enfers vous révérent, «
vous reglez le mouvement des «
Cieux, vous illuminez le So- «
leil, vous gouvernez tout l'Uni- «
vers, les Enfers vous font fou- «
mis, les étoiles fuivent vos vo- «
lontés, vous faites la joye de «
toutes les Divinités, vous re- «
glez l'ordre des faifons, les éle- «
mens vous obéïffent, c'eft par «
votre ordre que les vents agi- «
tent les airs, que les nuages s'é- «
paiffiffent, que les femences pro- «
duifent leur germe, & que ce «
même germe vient en maturité. «
Les oifeaux de l'air, les bêtes «
fauvages des montagnes, les fer- «
pens cachés dans la terre, & «
les monftres qui nagent dans «
la mer, vous adorent en trem- «
blant ; mais je n'ai point affez «

H h iij

» de capacité pour publier vos
» loüanges, ni aſſez de bien pour
» vous offrir de dignes ſacrifices.
» Je ne puis trouver de termes
» pour exprimer tout ce que je
» penſe de votre divine Majeſté;
» mille bouches, ni une ſuite éter-
» nelle de diſcours ne pourroient
» jamais y ſuffire. Je ferai donc
» tout ce que peut faire un hom-
» me qui n'eſt pas riche, mais qui
» eſt pénétré des plus vifs ſenti-
» mens de Religion : Je conſer-
» verai toute ma vie dans le fond
» de mon cœur votre divine image
» & votre très ſainte Majeſté, &
» je l'aurai toujours préſente à
» mon eſprit. »

A près que j'eus fait cette priere,
j'allai prendre congé du grand
Prêtre, que je regardois comme
mon pere, & l'embraſſant avec
affection, je lui demandois pardon
de ce que je n'étois pas en état
de lui marquer ma reconnoiſ-

S. D. Bella in et fe.

fance, par des préfens dignes des bienfaits que j'avois reçûs de lui. Enfin, après lui avoir fait de longs remercimens , je le quittai dans le deffein de reprendre le chemin de ma maifon paternelle , après en avoir été abfent fi long-tems. Au bout de peu de jours , infpiré par la Déeffe, je me difpofe à partir , & je m'embarque fur un vaiffeau qui alloit à Rome. Les vents favorables me conduifirent fans accident & en fort peu de tems au port d'Oftie. De là je pris une chaife roulante, qui me porta en diligence dans cette fainte ville, où j'arrivai la veille des Ides * de Decembre , au commencement de la nuit.

Le plus grand de mes foins fut enfuite d'aller tous les jours me profterner devant la fuprême Divinité de la Reine Ifis, qu'on y révére avec de profonds refpects,

* Le 12. Decembre.

Hh iiij

fous le nom d'Ifis du Champ de
Mars, à caufe que fon temple y
eft fitué. J'étois très-affidu à ado-
rer la Déeffe, étranger à la vérité
dans ce temple, mais naturalifé
dans fa Religion. Cependant au
bout de l'année de ma réception
dans fes myfteres, elle eut la bonté
de m'apparoître encore en fonge,
& de m'avertir de me faire initier
pour la feconde fois. J'étois fort
en peine de ce que cela vouloit
dire, & quelle en feroit l'iffuë ; car
il me fembloit que j'avois été fuf-
fifamment initié.

Pendant que j'examinois, tant
par mes propres lumieres que par
les avis des Prêtres, le pieux fcru-
pule qui m'agitoit, je découvris
une chofe bien nouvelle & bien
furprenante : J'étois à la vérité
initié dans les facrés myfteres
de la Déeffe, mais je ne l'étois
pas dans ceux du grand Dieu, le
fouverain pere de tous les Dieux,

l'invincible Ofiris ; car bien que
ces Divinités foient unies enfemble, ou plûtôt ne faffent qu'une
même chofe , il y a cependant
une fort grande difference entre
les cérémonies qui fe pratiquent
pour fe confacrer au fervice de
l'une ou de l'autre , & je devois
connoître que j'étois auffi appellé
au miniftere de la Religion du
grand Dieu Ofiris. Je n'eus pas
long-tems lieu d'en douter. La
nuit fuivante un de fes Prêtres
m'apparut en fonge , vêtu d'une
robe de lin , portant des Thyrfes ,
des branches de lierre & plufieurs
autres chofes , qu'il ne m'eft pas
permis de dire. Il pofa tout cela
dans ma chambre ; enfuite s'étant
affis fur une chaife , il m'avertit
du feftin que je devois faire pour
entrer dans cette grande Religion ; & afin que je puffe le reconnoître par quelque endroit ,
il me fit remarquer qu'il étoit

boiteux du pied gauche.

Les Dieux m'ayant ainſi fait connoître leur volonté, il ne me reſta plus aucune incertitude dans l'eſprit, & le lendemain matin, après que j'eus rendu mes hommages à la Déeſſe, je m'informai ſoigneuſement aux uns & aux autres, s'il n'y avoit point quelqu'un des Miniſtres du temple qui eût une démarche pareille à celle du Prêtre qui m'avoit apparu en ſonge. Il ſe trouva en effet, & j'apperçûs dans le moment un des Paſtophores tout ſemblable à celui que j'avois vû la nuit, non-ſeulement par ſa maniere de marcher, mais auſſi par le reſte de ſa perſonne & par ſon habillement. J'ai ſçû depuis qu'il s'appelloit Aſinius Marcellus, non qui avoit quelque rapport à l'état où je m'étois vû. Je m'approchai de lui avec empreſſement, il n'ignoroit pas ce que j'avois à lui dire, ayant

été averti de la même maniere
que je l'avois été, qu'il devoit
m'initier dans les sacrés mysteres,
& la nuit précédente au milieu de
son sommeil, il lui avoit semblé,
que pendant qu'il faisoit des couronnes pour le grand Dieu Osiris,
il lui avoit entendu dire, de cette
même bouche dont il prononce
les destins de tous les mortels,
qu'il lui envoyoit un citoyen de
Madaure, fort pauvre à la vérité; qu'il falloit cependant qu'il
le reçût, sans differer, au nombre
de ceux qui sont consacrés au
service de sa Religion ; que par
sa providence il feroit acquerir
à cet homme une grande répu-
tation du côté des sciences, &
que pour lui qui le devoit initier,
il lui procureroit un gain consi-
derable.

Etant ainsi désigné pour être reçû dans les sacrés mysteres d'Osiris, j'en differois malgré moi la

cérémonie, n'étant pas en état d'en faire les frais ; car mes voyages avoient consommé le peu de bien que j'avois, & les frais que j'étois obligé de faire à Rome pour entrer dans cette Religion, étoient bien plus considerables que ceux que j'avois faits dans la Province pour être reçû Prêtre d'Ifis. Ma pauvreté mettant donc un obstacle à mes desirs, je souffrois une peine incroyable dans cette cruelle situation.

Cependant le Dieu me pressoit souvent d'accomplir ma vocation, ce qui me mettoit un trouble extraordinaire dans l'esprit. Enfin, par son ordre exprès, je vendis mes hardes, & quoiqu'elles fussent peu considerables, je ne laissai point d'en faire la somme qui m'étoit néceffaire. S'il étoit question de te procurer quelque plaisir, me disoit cette Divinité, tu n'épargnerois pas ton manteau,

& lorſqu'il s'agit de te faire initier dans mes myſtere, tu héſites
& tu crains de te réduire dans
une pauvreté dont tu n'auras jamais lieu de te repentir.

Après que j'eus donc préparé
tout ce qui étoit néceſſaire, je
paſſai, pour la ſeconde fois, dix
jours entiers ſans manger de rien
qui eût eu vie, & je fus initié dans
les ſecrets myſteres du grand
Dieu Serapis. Je m'acquittai enſuite des fonctions divines avec
une parfaite confiance ; ce qui me
procuroit un grand ſoulagement,
& me donnoit moyen de vivre
avec plus de commodité, parce
que la divine Providence me favo-
riſoit & me faiſoit gagner de l'argent à plaider des cauſes en Latin.

Au bout de quelque tems, je
fus bien ſurpris du commandement que je reçus des Dieux, de
me faire conſacrer pour la troiſiéme fois. Alors, avec une inquié

tude & une peine d'esprit extraordinaire, je cherchois continuellement en moi-même ce que pouvoit signifier cet ordre surpre-
nant , je ne comprenois point
ce qui pouvoit manquer à la eé-
rémonie de ma réception , qui
avoit même été réïtérée. Il faut ,
disois-je, que ces deux Prêtres ne
m'ayent pas bien conseillé , ou du
moins qu'ils ayent obmis quelque
chose ; & à dire la vérité , je com-
mençois à avoir mauvaise opinion
de leur bonne foi.

Pendant que j'étois livré à ces
inquiétudes , aussi troublé que si
j'eusse perdu l'esprit , le Dieu favorable m'apparut la nuit en songe , & me tira de peine : Il ne
faut point , me dit-il , que tu sois
effrayé du long enchaînement des
cérémonies de la Religion , comme si jusqu'ici on avoit manqué à
quelque chose dans celles de ta
réception ; au contraire, tu dois

avoir un grand contentement de
ce que les Dieux te comblent de
tant de faveurs, & te réjoüir de
recevoir trois fois un honneur que
les autres ont bien de la peine à
obtenir une fois, & tu peux t'aſſu-
rer, que par la vertu de ce nombre de trois, tu ſeras heureux à
jamais. Au reſte, tu verras que
cette troiſiéme conſécration t'eſt
extrêmement néceſſaire, ſi tu fais
réfléxion que la robe de la Déeſſe,
avec laquelle tu as été initié en
Grece, eſt reſtée dans ſon temple, & qu'ainſi tu ne ſçaurois t'en
ſervir à Rome dans les fêtes ſo-
lemnelles, ni lorſqu'on te l'or-
donnera. Obéïs donc aux Dieux
avec joye, & fais-toi initier encore une fois dans les ſacrés myſteres de la Religion, ce qui te
puiſſe être heureux, propice &
ſalutaire. Enſuite cette divine
Majeſté m'inſtruiſit de tout ce
que je devois faire.

Je n'y perdis pas un seul moment; & ayant été aussi tôt infor-
mer mon Prêtre de ce que j'avois
vû, je me résolus de passer encore
dix jours dans une grande chafteté, & sans manger de rien qui
eût eu vie, suivant la loi indif-
pensable qui le prescrivoit. Après
cela j'achetai les choses qui étoient
nécessaires pour la cérémonie, &
suivant les mouvemens de ma
piété, j'achetai de tout abon-
damment. A la vérité je n'eus pas
lieu de me repentir de mes peines,
ni des dépenses que j'avois faites;
car par la divine Providence, le
gain que je faisois dans le barreau
m'avoit déja mis assez à mon aise.

Enfin au bout de quelques jours,
Osiris, le plus puissant & le premier
d'entre les plus grands Dieux,
m'apparut en songe, sans être
caché sous aucune forme étrangere, & daignant me parler claire-
ment, il m'ordonna de m'attacher
sérieusement

férieufement à acquérir de la ré-
putation en exerçant la profeffion
d'Avocat, fans m'embarraffer des
mauvais difcours de ceux qui feroient jaloux de la fcience que mes
travaux & mes études m'avoient
acquife ; & afin que je ne fuffe pas
confondu dans la troupe des autres Prêtres, ce Dieu m'éleva au
rang de fes Paftaphores, & m'ho-
nora même d'une dignité de Décurion qui duroit cinq ans. Depuis
ce moment-là, avec ma tête raze
que je ne prenois aucun foin de
cacher, je m'acquittai toujours
avec plaifir des devoirs de cette
fainte & ancienne fociété, dont
l'établiffement étoit environ du
tems de Sylla.

Fin de l'onziéme & dernier Livre.

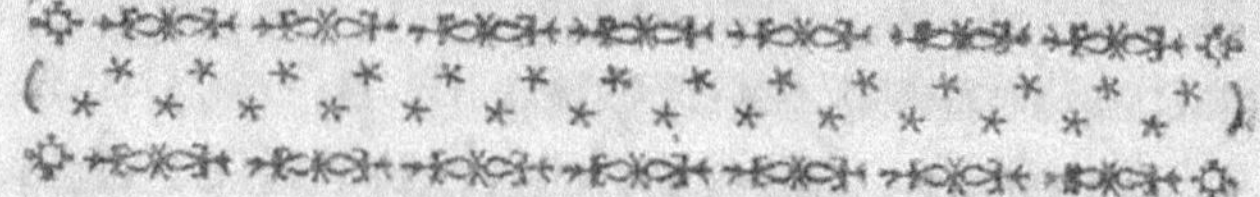

REMARQUES
SUR
L'ONZIE'ME LIVRE.

LA puissance de cette grande Déesse, c'est la lune, qui sous le nom d'Isis, Hecate, Proserpine, &c. est prise pour toutes les Divinitez feminines, comme sous le nom d'Osiris on doit entendre toutes les Divinitez masculines, comme Jupiter, Apollon, Bacchus, &c.

Que tous les corps qui sont dans les Cieux, s'augmentent ou diminuent suivant qu'on la voit croître ou décroître. On croyoit anciennement, & même à present, c'est une opinion assez generale, que les poissons qui sont dans les coquillages de la mer, comme les huîtres, les moules, &c. s'augmentent ou diminuent suivant le croissant ou le decours de la lune, aussi-bien que la moëste qui est dans les os des animaux, & la séve

ISIS OSIRIS ET ORUS

qui est dans les plantes ; mais les Phisiciens d'aujourdhui ne sont plus dans cette opinion , ils ont fait plusieurs experiences qui les en ont desabusez.

Et vais me laver dans la mer. Les anciens avoient coûtume de se purifier en se baignant dans la mer ou dans les rivieres , avant que de s'employer aux choses qui regardoient la Religion. Les Romains avoient dans leurs Temples l'eau lustrale , dont ils se purifioient. Les Turcs encore aujourd'hui pratiquent ces ablutions avant que d'entrer dans leurs Mosquées , aussi - bien que les Indiens & plusieurs autres nations.

Je plonge ma tête sept fois dans l'eau. On a observé de tous tems le nombre de sept, comme renfermant quelque chose de mysterieux dans la Religion. Nous voyons même qu'Elisée commanda à Naaman de se plonger sept fois dans le Jourdain , pour se guerir de sa lépre. On pourroit en citer bien d'autres exemples.

Soit que vous soyez la bienfaisante Cerés. J'ai déja remarqué que c'est la même Divinité que la lune ; ainsi tous les autres noms qu'il lui donne ensuite , n'expriment que la même Déesse suivant les differens effets qu'on lui attribue.

Dans le magnifique Temple d'Ephése.
On fut 220 ans à bâtir ce Temple aux
dépens de toute l'Asie mineure, il paf-
foit pour une des fept merveilles du
monde : un particulier nommé Heroftra-
tre y mit le feu 356 ans avant la venuë
de JESUS-CHRIST, la même nuit
qu'Alexandre le Grand vint au monde.
On lui demanda pourquoi il avoit com-
mis un fi grand facrilege : c'eft, répon-
dit-il, afin de rendre mon nom immortel. On fit des loix qui deffendoient de
parler jamais de lui ; fon nom n'a pas
laiffé de parvenir jufqu'à nous, & ce
qu'il avoit fouhaite eft arrivé.

Par votre triple forme. On reprefentoit
cette Déeffe fous trois figures avec des
têtes de differens animaux ; fçavoir d'un
cheval, pour marquer la vîteffe de la
lune dans le ciel ; d'un cerf, pour marquer qu'elle étoit Diane la Déeffe de la
chaffe ; & d'un chien, pour marquer
qu'elle étoit Proferpine la Déeffe des
Enfers, ou le chien Cerbere.

Des fillons qui s'élevoient en forme de fer-
pens. C'eft parce que les fillons font faits
comme des ferpens qui rampent, ou
parce que le char de Cerés eft tiré par

des serpens aîlez. Minutius donne à cette Déesse un serpent pour ceinture.

Tantôt d'un blanc clair & luisant, tantôt d'un jaune de saffran, & tantôt d'un rouge couleur de roses. La lune paroît rouge quand elle se leve, à cause des vapeurs de la terre, au travers desquelles nous la voyons ; quand elle est plus haute au dessus de l'horison, elle paroît jaune, & quand elle est vers le milieu de son cours, elle paroît blanche, parce qu'entr'elle & nous, il n'y a plus assez de vapeurs pour empêcher qu'on ne la voye dans son pur éclat.

Un vase d'or en forme de gondole. Les Egyptiens representoient Isis avec un vase à la main en forme de gondole ou petit bateau, pour signifier le cours des eaux & particulierement les innondations du Nil.

Je represente en moi seule tous les Dieux & toutes les Déesses. On voit par là que les anciens, (au moins ceux qui avoient de l'esprit) ne reconnoissoient qu'un Dieu sous plusieurs noms ; ils appelloient même quelquefois les Déesses du nom masculin, *Dieu. Pollentemque Deum Venerem*, le puissant *Dieu Venus*, dit Calvus Poëte ancien.

Les Phrygiens qui font les plus anciens &
les premiers Hommes. Les Phrygiens &
les Egyptiens étoient en difpute fur
l'ancienneté de leur origine, elle fut
décidée en faveur des Phrygiens. Voici
l'hiftoire que rapporte Herodote fur ce
fujet. Pfammeticus Roy d'Egypte vou-
lant fçavoir qui avoient été les premiers
Hommes fur la terre, donna deux enfans nouveaux nez à élever à un Berger, & lui ordonna de faire enforte
qu'ils n'entendiffent jamais la voix
d'aucune perfonne, & de prendre garde
au premier mot qu'ils prononceroient,
fi-tôt qu'ils pouroient parler. Le Berger
les fit nourrir par des chévres, & au
bout de deux ans ; un jour qu'il reatroit
dans fa cabane, les enfans fe mirent à
crier *Bech*, & à le repeter plufieurs fois.
Le Roy en ayant été informé, les fit
apporter devant lui, & leur ayant entendu prononcer le même mot, donna
ordre qu'on s'informât, s'il fignifioit
quelque chofe en quelque forte de langue que ce pût être : il fe trouva que
c'étoit le terme dont les Phrygiens fe
fervoient pour dire *du pain* ; & fur cela
l'on jugea qu'ils étoient avant les Egyptiens, & les premiers Hommes qui
euffent été fur la terre.

OPS, quæ et CYBELE.   2.

Magna Deum mater, Phrÿgia comitata caterua est
Quod fruges primum hinc dicant cæpiſſe creari.

Cette histoire ne dément point le caractere fabuleux d'Herodote, & la raison de décider pour l'ancienneté en faveur des Phrygiens est plaisamment fondée. Le *Bech* que prononçoient ces enfans semble bien plûtôt une imitation du bêlement de leurs meres nourrices les chévres, qu'une demande de pain, aliment dont ils n'avoient encore aucune connoissance.

Déesse de Pessinunte. Pessinunte est une Ville de Phrygie où Cibéle avoit un Temple d'où sa Statuë fut enlevée & portée à Rome pendant la seconde guerre Punique. On choisit pour la recevoir dans son logis Scipion Nasica, comme le plus honnête-homme d'entre les Romains.

Les Atheniens originaires de leur propre pays, le texte dit, *Autochtones Attici.* C'est l'épithete perpetuelle des Atheniens, parce qu'on croyoit qu'ils n'étoient point venus d'aucune autre pais habiter le leur comme la plûpart des autres nations, mais qu'ils en étoient originaires, & y avoient toûjours demeurés.

Minerve Cecropienne. Minerve étoit la Déesse tutelaire des Atheniens; elle est appellée Cecropienne, parce que ces peuples s'appelloient *Cecropii* de Cecrops leur premier Roi.

Diane Dyctinne. On l'apelloit ainsi d'un mot grec qui signifie rets ou filet, parce qu'on s'en sert à la chasse où elle préside.

Les Siciliens qui parlent trois langues. Ils parloient leur langue naturelle, ils parloient grec aussi par la communication des Grecs qui s'étoient établis chez eux, ensuite ils parlerent latin, lorsqu'ils furent sous la domination des Romains.

Proserpine Stygienne. Les Siciliens l'appellent Stygienne, parce que ce fut en Sicile que Pluton l'enleva.

Néméis Rhamnusienne. Cette Déesse est appellée ainsi d'une Ville qui s'appelloit Rhamnonte dans le païs Attique, où elle étoit particulierement adorée : elle étoit crüe fille de la Justice, & regardant de la profondeur de l'éternité les choses d'ici bas, elle récompensoit les bons & punissoit les méchans. Martianus Capella dit qu'elle étoit la même que la Fortune.

Les Peuples de l'Ariane. Ces peuples habitent aux environs de la mer Caspienne, au pied du mont Caucase audessus de la Perse. *Après*

8

Après que cette puissante Déesse m'eut ainsi déclaré ses volontez, elle disparut. Le texte dit, *in se recessit, elle se retira en elle-même.* Apulée represente ici la Déesse Isis, comme mere de toute la nature & Divinité universelle : remplissant toutes choses, elle ne pouvoit donc se retirer nulle part où elle ne fût déja ; ainsi il dit avec raison qu'elle se retira en elle-même. Je ne l'ai pas exprimé, pour éviter l'obscurité. *Elle disparut,* que j'ai mis à la place signifie ce que veut dire l'Auteur quoiqu'à la verité la maniere dont il le dit, est bien plus belle ; mais en françois il faut être clair sur toutes choses.

3 *Consacrez au grand Serapis.* Serapis Divinité des Egyptiens est la même qu'Apis & Osiris, que les Perses adoroient sous le nom de *Mithra,* qui est le soleil. Serapis comprenoit en lui tous les Dieux, de même qu'Isis comprenoit toutes les Déesses.

Un vase d'or fait en forme de mammelle. Ce vase étoit le simbole de la fecondité de la nature.

Le visage à moitié noir & à moitié doré. On representoit ainsi Mercure, ces

Tome II.   K k

couleurs differentes désignoient le Ciel & les Enfers, parce qu'il étoit l'Ambassadeur & le truchement des Dieux de ces deux Empires.

Une petite urne d'or parfaitement bien travaillée. C'étoit sans doute une representation bien extraordinaire de la Divinité que cette urne ; mais cela ne paroîtra pas si étrange à ceux qui auront lû dans Quinte-Curse, que la figure de Jupiter Ammon ressembloit à un nombril, & dans Tacite que la representation de Venus Paphienne, n'étoit point une figure humaine, mais une piramide ronde. Il y a bien de l'apparence que par cette urne chargée de figures hierogliphiques, les Egyptiens avoient voulu marquer le débordement du Nil, qu'ils regardoient comme le plus grand bien de leur païs, & dont ils reconnoissoient avoir obligation à leur Déesse Isis.

Et vous avez trouvé grace devant les Dieux. J'ai cru que cette expression faisoit mieux entendre en françois ce que l'Auteur veut dire, que si j'avois mis *vous êtes arrivé à l'Autel de miséricorde,* qui est dans le texte. Il y avoit à Athe-

nes un Autel consacré par les Heracli-
des, c'est-à-dire les descendans d'Her-
cule, pour conserver la memoire du
secours que les Atheniens leur avoient
donné contre Euristée Roi d'Argos. Cet
Autel se nommoit l'Autel de la miséricorde, & servoit d'azile aux malheureux. Notre Auteur y fait ici allusion.

Qu'on avoit purifiée avec une torche ar-
dente, un œuf & du souffre, on y mettoit
aussi quelquefois de l'eau. Ovide *L. 7.*
des Metamorphoses.

Terque senem flammâ, ter aqua, ter sul-
  phure lustrat.

Elle purifie ce vieillard trois fois avec du
feu de l'eau & du souffre. C'est Medée
qui travaille à rajeunir Eson. Ovide
encore dans l'art d'aimer.

Et veniat quæ lustret anus lectumque lo-
  cumque,

Referat & tremula sulphur & ova manu.

Et qu'il vienne une vieille qui ait soin de
purifier le lit & la chambre, & qui appor-
te pour cela dans sa main tremblante du
souffre & des œufs.

K k ij

Les Paſtophores, c'eſt-a-dire ceux qui portoient le manteau ſacerdotal dans les cérémonies.

Que la cérémonie étoit achevée, & qu'on pouvoit ſe retirer. Après les cérémonies telles que celles-ci, ou après les ſacrifices, un des Prêtres congédioit le peuple, en diſant : *Le peuple peut ſe retirer.*

Vêtu de douze robes. Ce pouvoit être pour marquer les douze Signes du Zodiaque, par leſquels Iſis qui eſt la lune, paſſe tous les mois.

Et des griffons qui naiſſent chez les Hiperboréens, avec la tête & les aîles d'un oiſeau, j'y ai ajoûté, *& le reſte du corps d'un Lion,* qui me paroiſſoit manquer à la deſcription entiere du Griffon, ſuivant l'idée que nous en avons. Ce prétendu animal que nous nommons Griffon du mot *Gryps,* étoit appellé *Picus* par les anciens Latins, au rapport de Nonius.

Vous illuminez le ſoleil. Il eſt aiſé de voir par là, qu'Apulée n'entend pas ſeulement parler de la lune par cette Divinité, mais de la nature même qui eſt l'ame du monde, ou plûtôt l'être ſouverain ; car on ne peut pas dire que la lune illumine le ſoleil.

Au Port, j'y ai ajoûté *d'Oſtie*, quoi-qu'il ne ſoit pas dans le texte, parce que c'eſt le Port dont l'Auteur entend parler, qui eſt le plus proche de Rome.

Dans cette ſainte ville. On appelloit Rome ſainte, à cauſe que toutes les religions du Paganiſme y étoient reçues, qu'il y avoit quantité de Temples & de Chapelles, & que le peuple Romain étoit fort religieux.

Je ſouffrois une peine incroyable dans cette cruelle ſituation. Il y a dans le texte, *quod ait vetus proverbium : Inter ſacrum & ſaxum poſitus cruciabar ;* comme dit le vieux proverbe : *Je ſouffrois une grande peine, étant entre la pierre & l'autel.* Ce proverbe eſt pris de la coûtume des ſacrifices, où le Prêtre tuoit la victime au pied de l'Autel en la frappant avec une pierre, & en diſant quand il étoit queſtion d'une alliance jurée avec un autre peuple, *Que le premier des deux nations qui violera le traité, ſoit frappé par Jupiter comme je frappe la victime avec cette pierre.*

Dignité de Décurion. Il entend par cette dignité ceux qui avoient ſous leur conduite un certain nombre de Prêtres. On nommoit auſſi Décurions les Se-

K k iij

nateurs des Villes municipales, & des Colonies Romaines. On nommoit encore Décurion dans les troupes, un Officier qui commandoit à dix Cavaliers, & quelquefois à un plus grand nombre.

L'ASNE DE LUCIEN.

*L'auteur feint qu'allant en Theffalie, il logea chez
une Magicienne, qui fe changea en oyfeau pour
aller trouver un Amant ; mais comme on en
vouloit faire autant de luy, on prit une boëte
pour l'autre, & on le changea en Afne. Il
prend occafion de-là de conter les diverfes
avantures qui luy arriverent, jufqu'à ce qu'il
reprit fa premiere forme. Apulée a dérobé ce
fujet ; mais il l'a plus étendu.*

COMME j'alois à Hypate en Theffalie,
pour quelques afaires, je rencontray en
chemin plufieurs habitans du lieu, de qui j'a-
pris qu'un nommé Hyparque, chez qui je devois
loger, eftoit un homme fort riche, mais fort
avare, qui n'avoit qu'une fervante, & qui vivoit
fort mefquinement. Lors que je fus arrivé à
fon logis, ayant pris congé de ma compagnie,
je frapay à la porte, & la femme me vint ouvrir,
aprés m'avoir fait long-temps atendre, & me
demanda ce que je voulois. Je luy répondis
que j'aportois des lettres à fon mary, d'un de
fes amis de Patare. Elle rentra auffi-toft, aprés
avoir refermé la porte, puis me revint dire que
je ferois le bien-venu. Je les trouvay en arivant
qui commençoient à fouper, eftant tous deux
Couftume couchez fur un petit lit, avec une table devant
ancienne. eux ; mais ils faifoient fort mauvaife chere,
car je ne vis rien fur la table. Lors qu'Hiparque
eut leu mes lettres, il s'écria que le Philofophe
Decrian eftoit un galand-homme de luy adref-
fer fes amis. Que le logis eftoit petit, comme je

voyois, mais qu'il estoit à mon service, & que ma
presence le rendroit plus illustre. Alors , apellant
sa servante, Prenez les hardes de Monsieur, dit-il,
& le menez dans une chambre , & de là au bain ,
car il doit estre las, apres le chemin qu'il a fait. Elle me mena donc en une petite chambre fort propre , & me montrant le lit , C'est là, dit-elle, que
vous coucherez , & j'en dresseray un autre en ce
coin pour vostre valet. De là j'alay au bain , aprés
avoir donné de l'argent à la servante , afin d'acheter de l'orge pour mon cheval. Au retour , mon
hoste me pria de me mettre à table. Le festin ne
fut pas fort magnifique, mais il y avoit de bon vin
vieux , dont nous fimes carousse aprés souper , &
puis je m'alay coucher , aprés nous estre entrete-
nus de diverses choses , comme on a de coutume
en ces rencontres. Le lendemain il me demanda
où j'alois, & si je faisois estat de demeurer là. Je
luy répondis que non, & que je voulois aler pour
quatre ou cinq jours à Larisse,quoy que mon dessein en éfet fût de demeurer quelque temps à Hy-
pare,pour voir si j'y pourrois rencontrer une Magicienne,comme on dit qu'il y en a plusieurs,qui
me fist voir quelque évenement extraordinaire.
Dans cette resolution , je me promenois par la
ville , lors que je rencontray une femme assez
bien-faite, qui paroissoit de condition à son train
& à son habit. Elle me demanda qui j'estois ; &
comme elle l'eut apris , elle s'écria que j'estois fils
d'une de ses meilleures amies , dont elle n'aimoit
pas moins les enfans que les siens propres , &
que j'avois tort de n'estre pas venu décendre
chez elle , mais que tout de ce pas elle m'y vouloit
mener. Je luy fis mes excuses , & luy dis que je ne
pouvois pas honnestement quiter mon hoste, qui

m'avoit si bien reçeu, mais qu'il n'auroit que mon
corps, & qu'elle auroit mon esprit. Comment, re-
prit-elle , estes-vous logé chez ce vilain avari-
cieux d'Hiparque ? Ne luy dites point d'injures,
luy dis-je , aprés m'avoir si bien traité. Alors
souriant , elle me dit à l'oreille , que je prisse
bien garde à ne point faire amitié avec sa femme,
qui estoit une des plus grandes Magiciennes du
pays , qui changeoit les uns en bestes, & tuoit les
autres, lors qu'ils ne vouloient pas faire sa volonté. Qu'elle estoit de complexion fort amoureuse,
& que ma jeunesse , jointe à la qualité d'étranger
luy donneroit assez de prise sur moy. Alors, tout,
ravy d'avoir rencontré ce que je cherchois, je pris
brusquement congé d'elle, & me retiray en haste
au logis, révant aux moyens que je tiendrois pour
venir à bout de mon dessein, & faisant estat de gagner la servante, qui estoit fort jolie, & qui savoit
sans doute les secrets de sa maistresse. Car d'entre-
prendre sur la femme de mon hoste , ç'eust esté
à mon avis , violer le droit d'hospitalité. En arrivant, je trouvay, par bon-heur, la servante seule
qui aprestoit à souper , & commençay à la ca-
joler sur la grace qu'elle avoit à faire la cuisine ;
Elle me respondit , assez plaisamment , qu'elle n'avoit pas moins bonne grace au lit qu'à
la table. Tout surpris de cette réponce, je m'a-
prochay pour la caresser ; mais elle me dit en se
retirant , que je ne m'aprochasse pas trop prés,
si je n'avois envie de me brusler. Car si elle
m'avoit touché seulement du bout du doig , elle
me mettroit tout en feu : & que les Charlatans
ne vendoient point d'onguent pour guerir cette
bruslure. Comme je riois de la gentillesse de ses
reparties , & que je l'apellois belle Cuisiniere;

Vous ne sçavez pas, dit-elle, quelle Cuisiniere
je suis ; car si je veux, je vous acommoderay de
toutes pieces, & vous hacheray menu comme
chair en paste. Je luy répondis, Qu'elle m'a-
voit desia mis en capilotade, & que je pensois
estre sur le réchaut, tant je sentois de chaleur.
Elle s'éclata de rire à cette réponse, & me dit
qu'elle estoit grande Magicienne, & que si elle
m'avoit une fois charmé, elle pourroit apres cela
me jetter des pierres, que je ne voudrois pas m'en-
fuir. Je luy repartis que je sentois desia l'éfort
de ses charmes, & que je ne la pouvois quitter.
Apres quelque contestation, nous tombâmes à
la fin d'acord, & elle me promit de venir dans
ma chambre, quand sa maistresse seroit couchée.
Comme son maistre fut de retour, & que nous
eûmes soupé, je me retiray, apres quelques
santez, feignant d'avoir envie de dormir. Et
entrant dans ma chambre, je trouvay la cola-
tion preste, & mon lit tout semé de feüilles de
roses. On avoit mesme transporté ailleurs celuy
de mon valet. Si-tost qu'elle eut couché sa mai-
tresse, elle me vint trouver, & nous fismes col-
lation ; nous nous portâmes force santez, force
baisers, goustant les premices de l'amour. Apres
quoi, on verra bien-tost, dit-elle, si tu sais aussi
bien faire que dire ; car je m'apelle Paleste, &
n'ay point encore trouvé d'Athlete qui m'ait
vaincuë à la lute. Comme j'eus accepté le combat, elle se deshabille, & me dit que le champ
estoit ouvert à ma valeur. Apres quelques tours
d'escrime, où chacun tascha de montrer ce qu'il
sçavoit faire, nous remîmes la partie au lendemain ; & je pris tant de plaisir à ce divertisse-
ment, que j'en oubliay presque le sujet de mon

voyage. A la fin je la priay de m'aprendre quelque
secret de son art, puis-qu'elle estoit si grande Magicienne, & qu'il estoit impossible qu'elle n'eust
beaucoup profité sous une si sçavante maistresse.
Elle me jura qu'elle ne sçavoit point d'autre mê-
tier que celuy que la Nature luy avoit apris, &
que c'estoit là le charme dont elle avoit entendu
parler. Mais elle me promit de me faire voir la
femme d'Hiparque, lors qu'elle se metamorpho-
seroit en quelque animal. Quelques jours apres elle me vint dire que l'occasion se présentoit de
contenter ma curiosité, & que sa maistresse se devoit changer en oyseau pour aller trouver son ga-
lant; Que j'eusse bon courage, & qu'elle me la
monstreroit en cet estat. La nuit venuë, elle me
méne sans bruit, à la porte de sa chambre, où
regardant par une fente, je vis sa maistresse toute
nuë, qui jettoit deux grains d'encens dans une
lampe allumée, & murmuroit tout-bas quelques
paroles; ce qui dura assez long-temps. En suite,
tirant une phiole de son armoire, elle s'huila
par tout jusqu'au bout des ongles, & en un instant fut transformée en hibou; car son corps
se couvrit de plumes, son nez se courba en bec,
ses bras s'alongerent en aisles, & elle s'envola
par la fenestre avec un grand cry. Je fus si surpris de cette merveille, que je faillis à tomber
de mon haut, doutant si je songeois, ou si j'e-
stois éveillé, tant qu'à la fin revenu à moy, je
conjuray ma nouvelle maistresse de me vouloir
transformer de mesme, pour voir ce qu'on de-
venoit en cet estat, & si l'on conservoit encore
son jugement. Elle entre aussi-tost dans la chambre, ne me pouvant rien refuser, & m'aporte
une petite bouteille, dont je ne fus pas plu-

toſt huilé, qu'au lieu de plumes, tout mon corps
fut couvert de poil, mon viſage & mes oreilles
s'alongerent, mes doigts ſe durcirent en corne,
& il me ſortit par derriere une longue queuë ; de
ſorte que me regardant au miroir, je trouvay
que j'eſtois un Aſne. La fille eſtonnée auſſi bien
que moy, d'un ſi eſtrange accident, cômence à ſe
frapper l'eſtomac, & à s'arracher les cheveux, &
s'écrie qu'elle avoit pris une phiole pour l'autre,
deçuë par la reſſemblance, à cauſe qu'il y en avoit
pluſieurs dans l'armoire, mais que je patientaſſe
juſqu'au lendemain, & qu'elle m'iroit acheter
des roſes, dont je n'aurois pas pluſtoſt goûté, que
je reprendrois ma premiere forme. En diſant cela,
elle me paſſoit la main ſur le dos, & me manioit
les oreilles, comme on fait à cét animal quand on
le veut careſſer. Cependant, ſous la figure d'une
beſte, je conſervois le ſens d'un homme, & en-
tendois tout ce qu'on diſoit, mais je ne pouvois
m'expliquer ; & comme j'ouvris la bouche pour
me plaindre, je commençay à braire, au lieu de
former des paroles. Cela me rendit ſi honteux,
que je m'en alay baiſſant la teſte droit à l'écurie,
me coucher auprés de mon cheval, & du baudet
de mon hoſte, qui me reçurent à grands coups de
pié, au lieu de me faire place, tant ils avoient peur
que je ne vinſſe manger leur foin. Je me retiray
donc en un petit coin fort mal ſatisfait de leur re-
ception, & bien reſolu de m'en venger le lendemain. C'eſt alors que faiſant reflexion tout à loi-
ſir, ſur le triſte eſtat où j'eſtois, je commençay à
condamner ma curioſité, & à reconnoiſtre,

> *Qu'il n'eſt rien qui puniſſe*
> *Vn homme vicieux comme ſon propre vice.*

Si par hazard, diſoy-je en moy-meſme, j'alois

eſtre rencontré en cet eſtat par quelque loup , ou
quelqu'autre beſte farouche , je loüerois bien le
perſonnage que je repreſente. Sur ces entrefaites,
j'entens percer la paroy , & vois entrer des voleurs l'épée à la main, qui aprés avoir lié ceux du
logis, pillerent tout ce qui eſtoit dedans, & en firent des balots dont ils me chargerent avec mes
compagnons. En ſuite nous chaſſant devant eux,
ils gagnerent la porte par des ruës détournées, &
de-là des montagnes voiſines couvertes de bois,
où ils arriverent ſur le point du jour.Je ne puis dire le mal que ſoufroient mes camarades: mais on
ne ſauroit exprimer la douleur que je ſentois à
marcher ſur les cailloux , avec une charge ſur le
dos,moy qui eſtois un aſne de bonne maiſon, qui
n'eſtois pas accouſtumé à la fatigue.Je bronchois
donc à chaque pas ; mais on me feſoit relever à
coups de baſton.En cette extremité je voulus m'é-
crier , O *Ceſar*, pour implorer le ſecours du Prin-
ce; mais la parole me manqua ſur l'*O*, & je ne pus
achever le reſte, ſi bien que cela ne ſervit qu'à me
faire batre par les voleurs , que je trahiſſois par
mon cry. Je reſolus donc de continuer paiſiblement mon chemin, puiſque je reüſſiſſois ſi mal à
me plaindre , outre qu'on nous emmuſela pour
nous empeſcher de paiſtre en allant. Sur le midy
nous arrivâmes à un hameau de connoiſſance,où
nous fûmes fort bien reçus ; & tandis que nos
maiſtres dînoient , on nous donna quelque poi-
gnée d'orge; mais je n'en pus jamais goûster,par-
ce que je n'y eſtois pas accoûtumé , & voyant le
jardin ouvert, je m'y jettay à corps perdu , pour
aller manger des roſes qui paroiſſoient , & reprendre ma premiere forme. Mais en arrivant
je trouvay que c'eſtoit un laurier-roſe, qui eſt un
poiſon

poison mortel aux asnes & aux chevaux. Cependant, comme je mangeois quelque salade pour me rafraichir, le Jardinier arrive avec le baston à la main, & m'en donne quelques coups ; mais je tournay le derriere si à propos, que je le jettay à la renverse d'un coup de pié à l'estomac. De-là je pris le chemin des montagnes; & luy de crier qu'on lâchast les chiens apres moy ; ce qui m'obligea de regagner en haste mon écurie, pour eviter la rencontre de grands vilains dogues, qu'on faisoit combattre contre des ours; mais je ne laissay pas en arrivant de recevoir quelques coups de baston du Jardinier, pour payement de sa salade, ce qui fit que je la luy rendis au nez. Lorsque nos maistres eurent disné, on nous remist nostre charge pour continuër nostre chemin, & par malheur la plus grosse m'escheut en partage, dequoy desesperé je deliberois de me coucher-là pour me faire descharger, lorsque l'autre baudet qui avoit peut-estre le mesme dessein, s'estant laissé cheoir, comme on le voulut relever, & qu'on vit qu'il n'en vouloit rien faire, on luy coupa les jarets & on le jetta en bas des rochers ; ce qui me fit sage aux despens d'autruy. Je commençay donc à doubler le pas, quoy qu'on partageast encore sa charge entre le cheval & moy; ce qui me faisoit crever de dépit. Mais voyant que tout me reüssissoit à contre-pié, je resolus desormais de porter mon mal en patience, & me hastay d'aller sur l'esperance de trouver des roses au giste, qui n'étoit pas loin. Nous y arrivâmes avant la nuit, & trouvâmes en arrivant une vieille, assise prés d'un bon feu, qui nous aida à nous descharger, & serra tout ce que nous avions aporté. Ces voleurs luy demanderent pourquoy elle estoit ainsi assise les

bras croifez, fans leur aprefter a manger: mais elle
dit que tout eftoit preft, & qu'ils boiroient d'excellent vin, & mangeroient de la venaifon. Ils fe
deshabillerent donc, & s'huilerent pres du feu;
puis s'eftant lavez avec de l'eau chaude, fe mirent
à table. Sur ces entrefaites, il en arriva encore
d'autres avec quantité de beaux meubles, & de
vaiffelle d'or & d'argent, qu'ils remirent entre les
mains de la vieille, puis s'affirent à table auprés
de leurs camarades. Pendant le repas, qui fut affez
long & plantureux, ils s'entretinrent de tout ce
que peuvent dire des voleurs, apres avoir fait un
beau coup. Cependant, le cheval & moy eftions
attachez au ratelier, où je faifois tres-mauvaife
chere. Mais lorfque la vieille fe fut retirée, je man-
geay un morceau de pain que je luy avois efcro-
qué. Le lendemain ils partirent tous enfemble,
laiffant un d'entr'eux au logis, ce qui me faifoit
enrager; car fi elle euft efté toute feule, je me fuffe
fauvé aifément; mais c'eftoit un jeune homme
robufte & vigoureux qui avoit l'efpée au cofté, &
jettoit de temps en temps des regards de travers
fur la porte qu'il avoit fermée. Trois jours apres les
voleurs revinrent fur le minuit avec une belle fille
qu'ils avoient prife, qui pleuroit & fe defefperoit,
fans vouloir ni boire ni manger; ce qui me tiroit
des larmes de compaffion. Sur le point du jour
quelques efpions raporterent qu'il pafferoit bien-
toft un eftranger avec grand équipage; fi bien
qu'ils fe leverent de table en tumulte & s'arme-
rent, puis fortirent en foule, emmenant avec eux
le cheval & moy, aprés avoir laiffé en garde la
fille à la vieille. Je n'alois qu'à coups de bafton,
croyant qu'on me menoit au combat; mais lorfque nous fûmes arrivez fur le grand chemin, l'é-

éranger fut incontinent devalisé, & l'on nous
chargea de ce qu'il y avoit de meilleur, laissant le
reste caché dans le bois. Cependant, comme on
nous faisoit marcher en diligence, j'alay heurter
par hazard contre un caillou qui me fendit la corne du pié; ce qui me fit boiter assez long-temps:
mais lorsque je vis qu'on deliberoit de me traiter
comme on avoit fait mon camarade, je vainquis
ma douleur, & fis le reste du chemin, comme si je
n'eusse poins eu de mal. On alla requerir la nuit
mesme, ce qu'on avoit caché dans le bois ; mais
on ne mena que le cheval, & l'on me laissa au logis, à cause de ma blessure. Comme on fut party,
je disois en moy-mesme, Qu'attens-tu icy davantage, à servir de pâture aux corbeaux? Ne vois-tu
pas comme on a traité ton camarade, & qu'on
t'en a voulu faire autant par le chemin? Prens une
bonne resolution: Voilà la Lune qui luit, il n'y a
qu'une vieille au logis, tu n'és point lié. Dans
cette pensée, je cours droit à la porte, & la vieille
aprés moy pour m'arrester ; mais voyant qu'elle
n'estoit pas assez forte, & que je l'entraînois, quoy
quoy qu'elle me retint par la queuë, elle apelle à
son secours la Pucelle : qui prenant son temps
monte sur moy & me pique, priant les Dieux de
favoriser sa retraite, & promettant tout bas de me
donner la liberté, si'je la pouvois tirer hors de pe-
ril. Poussé de cette esperance & de la gloire d'un
si beau dessein, j'alois comme un genest d'Espa-
gne, & non pas comme un baudet estropié, lorsqu'en un tournant nous rencontrâmes les voleurs qui nous arresterent tout court, & demanderent à la Belle en riant, où elle alloit ainsi la
nuict, & si elle n'avoit point peur des esprits. On
nous ramene donc au logis ; mais comme je n'é.

N ij

tois plus piqué des aiguillons de la liberté & de la
gloire , je ne me pouvois presque soustenir sur
ma mauvaise jambe; ce qui faisoit crever de rire
nos voleurs. Comment, disoient-ils, maistre baudet, lors qu'il est question de fuïr, vous allez viste
comme le vent; & quand il faut retourner à la maison, vous ne sauriez faire un pas. Nous vous apré-
drons bien tantost vostre leçon: & en disant cela,
ils commencerent à charger sur moy, tant qu'ils
me font une blesseure à la cuisse. En arrivant ils
trouverent la vieille qui s'estoit penduë de deses-
poir, & la roulerent en bas des rochers, en admi-
rant sa fidelité. En suite, ils lierent la Pucelle pour
empescher qu'elle ne se sauvast une seconde fois,
& s'estant mis à table delibererēt en beuvant, quel
suplice ils luy feroient soufrir & à moy aussi , pour
punition de nostre crime. Là-dessus, l'un dit qu'il
la faloit enfermer toute vive dans mon ventre,
apres m'avoir arraché les entrailles, & nous ex-
poser ainsi sur la pointe d'un rocher , pour servir
de pasture aux oiseaux, & la faire mourir de faim
& de puanteur. Comme chacun aprouvoit l'ex-
travagance de ce suplice, & qu'on se preparoit à
l'execution, le Ciel qui n'avoit pas resolu de nous
perdre, amene dans cet intervale le Prevost avec
ses Archers, conduits par le fiancé de la Pucelle,
qui se saisissent en un instant de tous les voleurs,
& les menerent au Gouverneur de la Province.
Pour le fiancé , il charge sa maistresse sur mon
dos, pour la ramener à son pere ; & par tout où
nous alions on nous jettoit des fleurs en passant,
& l'on acouroit au devant de nous avec des acla-
mations & cris d'allegresse. Lorsque nous fûmes
arrivez , elle eut grand soin de me faire bien traiter, comme le fidelle compagnon de sa bonne &

de sa mauvaise fortune, & celuy qui avoit con-
tribué tout ce qu'il avoit pû à sa délivrance. Mais
je ne pouvois manger de ce qu'on me donnoit,
& j'enviois la condition des chiens que je voyois
faire bonne chere à la Cuisine, maudissant en
mon cœur le Destin, qui ne m'avoit plustost fait
levrier que baudet. Quelques jours aprés les no-
ces, cette Dame pour s'aquiter de sa promesse,
me fit donner la liberté, & me lâcher parmy les
Cavales, qui estoit la plus belle recompense
qu'on pût donner à un animal fait comme moy.
Mais le Destin qui n'estoit pas encore las de me
persecuter, voulut que la femme de celuy à qui
l'on m'avoit recommandé, me fit porter la farine
& tourner la meule, au lieu de me laisser en liberté; & pour comble de mal-heur, les Chevaux jaloux de me voir parmy leurs Cavales, croyant
que je n'estois pas-là pour enfiler des perles,
estoient sans cesse apres moy à me persecuter.
Acablé donc de tous maux, & ne mangeant que
du son, à cause qu'on me déroboit mon orge; au
lieu d'un asne gras & refait, je devins une mes-
chante haridelle. D'ailleurs on m'envoyoit que-
rir du bois sur une montagne droite & pierreuse,
sous la conduite d'un petit coquin, qui me chargeoit comme un Elephant, & ne cessoit de me
battre, soit que j'allasse bien ou mal; & pour me
faire enrager davantage, il me frapoit tousiours
au mesme endroit avec un baston noüeux, dont
il me fit une large playe, à laquelle on ne donnoit
jamais le loisir de guerir. Non content de cela, si
ma charge pesoit plus d'un costé que d'autre, au
lieu de me décharger de ce costé-là, il chargeoit
l'autre de pierres, pour avoir plustost fait, & mon-
toit encore sur moy pour passer un petit ruisseau

qui estoit au pié de la montagne, de peur de se moüiller le bout des piez. Que si je venois à succomber sous le faix, au lieu de me soulager il me frottoit à grands coups de baston tout le long de l'espine du dos ; de sorte que j'estois contraint de me relever tout seul, pour eviter un plus grand mal. Il s'avisa d'une autre invention pour me faire aller plus viste , ce fut de m'attacher une branche d'espine au derriere , qui me piquoit à mesure que je marchois; & lorsque je voulois m'arrêter, il me battoit tout de nouveau. Pour me venger, je luy tiray un jour quelques ruades, dont il se souvint toute sa vie, & il ne s'en souvenoit jamais qu'il ne m'en coustast quelque éguillette de ma peau. Un autre jour que je n'avāçois pas assez à son gré, estant chargé d'étoupes , il mit vn charbon ardent entre mon dos & la charge, dont il m'eust brulé tout vif, si je ne me fusse plongé dans vn estang, & pour excuse, il dit à son maistre que je m'estois jetté dans le feu. Une autre fois il vendit ma charge de bois à un païsan , & dit que je l'avois jettée en bas des rochers: & que dés que je sentois quelque femelle , on ne me pouvoit plus tenir. Le maistre donc commanda qu'on me tuast, & qu'on donnast ma chair aux esclaves; & si l'on demandoit ce que j'estois devenu, qu'on dist que les loups m'avoient mangé. J'évitay ce mal heur par un plus grand ; car un voisin luy dit que je pouvois rendre encore de bons services, & qu'il ne falloit que me châtrer pour me rendre doux comme un agneau. Cela fut donc conclu, & l'on alloit passer à l'execution, lorsque la nouvelle arriva , que les jeunes mariez s'estant allé promener sur une mer dans une chaloupe, avoient esté submergez ; si bien

que les valets ne songerent plus qu'à faire leur
main, pour se sauver, tandis que la maison estoit
sans maistre. Dans cette conjoncture, celuy qui
faisoit paistre les chevaux, les chargea & moy
aussi de ce qu'il pût emporter, & se retira en diligence. Mais quoy qu'on nous contraignist de
marcher jour & nuit, trois jours durant par un   *D'estre*
mauvais chemin, ce mal me sembloit doux au-   *chastré.*
prés de celuy que j'aprehendois. Enfin nous arrivâmes à Beroée, qui est une des meilleures villes de la Macedoine, où dés le lendemain on nous
mena vendre au marché; mais personne ne vou-   *7. livres*
loit de moy, s'il ne se fust presenté un de ces vieux   *dix sols.*
Prestres de la Déesse de Syrie, qui m'acheta tren-
te dragmes. Lorsque nous fûmes arrivez chez luy,
il dit à ses compagnons Eunuques, qu'il apelloit
ses Pucelles, qu'il leur avoit amené un beau mi-
gnon pour les divertir, ce qui les rendit tous
joyeux, mais lorsqu'ils m'eurent veu, ils commencerent à le maudire, & à luy reprocher que c'e-
stoit pour s'en divertir luy-mesme, & luy souhai-
terent une heureuse lignée de nostre mariage. Dés
le lendemain ils chargerent sur mon dos leur
Déesse pour aller par païs, & lorsque nous fûmes
arrivez au premier village, l'un d'eux se mit à
joüer de la flûte, au son de laquelle les autres
commencerent à danser & à branler la teste, tout
furieux, jettant leurs chapeaux, & se tirant du   *Mitrés.*
sang des coudes & de la langue, tant que la terre
en fut toute rouge en un instant. Cela ne me plai-
soit pas trop, de peur qu'il ne leur prist envie de
m'en faire autant, & de dire que la Déesse vouloit de mon sang en sacrifice. Cependant par ce
bâtelage ils amasserent quantité d'argent : car on
leur donnoit jusqu'a de l'orge pour moy, & le

reſte de leurs petites neceſſitez. Mais comme nous fûmes dans un autre village, ils prirent un grand garçon fort & robuſte, pour leur ſervir d'étalon; ce qui me toucha tellement, que je ne pûs m'empeſcher de crier, en voyant leur infamie, *O Iupiter*, ſans ſonger que j'avois perdu la parole. Quelques païſans qui avoient perdu un baudet, acoururent au cry, penſant que ce fût le leur, & en entrant découvrirent tout le myſtere; de ſorte que le bruit en courut auſſi-toſt par tout, ce qui les obligea à déloger la nuict ſans trompette. Comme ils furent hors du village, ils me pendirent à un arbre, & me foüetterent dos & ventre, pour avoir revelé leur honte, juſques-là que tranſportez de fureur, ils me voulurent égorger; mais la Déeſſe jetta des regards ſi furieux, que cela les arreſta. Ils la chargerent donc tout de nouveau ſur mon dos, & continüerent leur chemin, tant qu'ils arriverent ſur le ſoir en la maiſon d'un Gentilhomme qui les receut fort bien, & luy fit des ſacrifices; mais j'y fus en grand danger. Car par malheur un de ſes amis luy ayant envoyé un cuiſſot d'aſne ſauvage, les chiens le mangerent à la Cuiſine, ſi bien que le Cuiſinier ſe vouloit pendre de deſeſpoir, craignant la colere de ſon maiſtre; lorſque ſa femme luy conſeilla de m'égorger, & de mettre une de mes cuiſſes en la place, parce que j'eſtois gras & refait. J'eſtois donc mort, ſi je n'euſſe entendu moy-meſme la trahiſon, & couru à l'eſtourdie en la chambre du maiſtre, où je renverſay d'abord la table & les flambeaux. Mais je faillis à trouver ma perte, où je cherchois mon ſalut; car tout le monde ſe voulut jetter ſur moy, comme ſur un furieux; & on m'alloit mettre en pieces, ſi de frayeur je ne me

fuſſe

fuſſe ſauvé en l'apartement de mes Preſtres, où
ils m'enfermerent pour me tirer de ce danger.
Nous partîmes donc le lendemain de grand matin, & arrivâmes en un gros bourg, où ils dirent
que la Déeſſe vouloit coucher dans le Temple; de
ſorte que les habitans credules la vinrent prendre
auſſi-toſt avec grande reverence, & la placerent
prés la Patrone du lieu. Pour nous, on nous mit
dans une meſchante maiſon, où nous demeurâ-
mes aſſez long-temps; & au départ nous empor-
tâmes avec noſtre Déeſſe, une coupe d'or du
Temple; mais les habitans l'ayant découvert,
coururent apres nous; & la trouvant dans noſtre
équipage, ils mirent les Preſtres en priſon, & me
vendirent à un Muſnier, qui chargea auſſi-toſt ✳
ſur moy dix boiſſeaux de blé, & me mena chez
luy par un ſentier rude & eſpineux. En arrivant,
je vis quantité d'animaux de ma ſorte, à qui l'on
faiſoit tourner la meule, ce qui me fut de mauvais
preſage; comme en effet, on me mit à l'haſtelier
dés le lendemain, aprés m'avoir bouché les yeux;
& parce que je feignois d'eſtre tout neuf à ce
meſtier, on commença à m'inſtruire à coups
de baſton. Cela me fit tourner comme une gi-   ✳
roüette, ayant deſia appris pluſieurs fois à mes
deſpens, qu'il ne faut point ſe laiſſer prier de faire
ſon devoir. Comme mon Maiſtre vit que je di-
minuois à veuë d'œil, & que je ne pouvois porter un ſi grand travail, il me vendit à un Jardinier, qui ſe ſervoit de moy à porter des herbes au
marché. La condition eſtoit aſſez douce; car tandis qu'il travailloit au jardin, je demeurois tout
le jour à ne rien faire; mais je ne mangeois auſſi
que quelques méchâtes laituës pourries qui m'en-
gendroient des cruditez, outre que l'Hyver apro-   ✳

choit, & qu'il n'avoit pas dequoy se nourir , ni
moy aussi. Sur ces entrefaites il passa un soldat
Romain, qui luy demanda quelque chose en sa
langue, & comme il vit qu'il ne luy répondoit
rien, il luy donna un coup de baston , sans considerer qu'il ne l'avoit pas fait par mépris , mais
parce qu'il n'avoit pas entendu ce qu'il disoit, à
cause de la difference du langage. Cependant le
Jardinier irrité se jette sur luy, & le renverse ; &
comme l'autre crioit qu'il le tuëroit, il le batit de
telle sorte, apres luy avoir osté son épée , qu'il fut
contraint pour se sauver , de contrefaire le mort.
Le Jardinier le laisse donc là, & chargeant son
épée sur mes panniers, me chasse vers la ville. Le
soldat de retour en avertit ses camarades, qui nous
font chercher par tout ; & ayant découvert où
nous estions, y menent le Magistrat. Mon maistre estoit caché dans un coffre, & moy dans un
grenier, où l'on m'avoit enlevé par une poulie,
comme en lieu où l'on ne me viendroit jamais
chercher. Mais par une maudite curiosité, cause
de mon premier mal-heur, comme j'entendis du
bruit en bas, je mis la teste à la fenestre, pour voir
ce qui se passoit; ce que les soldats ayant aperceu,
ils me montrerent, en riant, au Juge, qui entrant
là-dessus, chercha tant mon maistre qu'il le trouva
& le fit mettre en prison. Pour moy, on me livra
aux soldats, qui me vendirent deux escus au Cuisinier d'un Seigneur de Thessalonique, qui avoit
son frere Sommelier au mesme logis. Ils me placerent en un petit coin de leur apartement; mais
comme ils resserroient pour eux le reste des viandes, je pris mon téps qu'ils estoient allez au bain,
& entrant dans leur chambre , je commençay à
faire bonne chere de ce qu'il y avoit, ravy de trou-

ver de la viande à mon apetit. Ils ne s'en aperceu-
rent point la premiere fois, à cause de la quantité
de mets, outre que je m'estois un peu épargné;
mais comme j'y retournois souvent, ils commencerent à se regarder l'un l'autre de mauvais œil,
& compterent tout depuis en le resserrant. A la fin
voyant que je ne mangeois point d'orge, & que
je ne laissois pas d'engraisser, ils entrerent en
quelque soupçon; & m'ayant espié, découvrirent
tout par la fente de la porte. Ils furent si estonnez
du commencement, qu'ils demeurerent comme
immobiles; mais en suite ils alerent apeler le reste
des gens pour en venir rire avec eux. A cet aspect
il se fit une huée generale, dont le Seigneur ayant
entendu le bruit, il y acourut luy-mesme; & me
voyant manger de bonne grace d'un morceau de
sanglier, il ouvrit la porte de la chambre, dont je
fus tout surpris; mais pour faire durer le specta-
cle, il me fit mener dans la sale, & servir magnifiquement tant de chair que de poisson. Quoy
que j'eusse desia beaucoup mangé, neantmoins
croyant qu'il y alloit de mon honneur, & que cela pourroit contribuër à ma liberté, & servir à me
faire reconnoistre, je me mis à table fort proprement, & commençay à gouster de tout; & comme quelqu'un se fut écrié, qu'il me faloit aporter
du vin, le maistre commanda qu'on m'en donnast, & j'en beus un grand trait. Alors, tout ravy
d'avoir trouvé un si grand tresor, il m'achete de
son Cuisinier, le double de ce que je luy coustois,
& me donne à un affranchy pour m'instruire; ce
qui ne luy fut pas fort difficile, parce que j'en
sçavois plus que luy. Je me couchois donc *Lict de*
quand il vouloit sur un lict, & m'apuyois sur le *table.*
coude, comme on fait quand on veut manger. Je

O ij

lutois avec luy, dançois ſur les piez de derriere, &
faiſois mille autres gentilleſſes, donnant à con-
noiſtre par un branlement de teſte, que j'enten-
dois tout ce qu'on me diſoit. Le bruit court par
tout de cette merveille. On m'admire comme un
prodige, ne ſçachant pas que dans cet aſne il y
avoit un homme enfermé ; Et comme le temps
aprochoit que mon Maiſtre devoit donner un
ſpectacle de Gladiateurs à Theſſalonique, il me
mena avec luy, & je le portay ſur mon dos une
partie du chemin. Lorſque nous fûmes arrivez, le
peuple acourut pour me voir; car la renommée en
eſtoit deſia répanduë par tout, & il me fit mettre
au bout de la table, où je faiſois mille ſingeries
pendant qu'il diſnoit. On ne laiſſoit pas de me
montrer en particulier, dequoy l'affranchy tiroit
beaucoup d'argent; & comme tous ceux qui me
venoient voir, m'aportoient quelque choſe, je
devins en fort bon point. D'ailleurs j'eſtois beau
& poly, orné d'une belle houſſe de velours, avec
de petites clochettes d'argent, & le mors de meſ-
me; de ſorte qu'une Dame devint amoureuſe de
moy, & acheta à grand prix une de mes nuits de
l'Afranchy. Au retour du ſouper nous la trouvâmes qui avoit fait dreſſer un lit par terre pour elle & pour moy, au lieu où j'avois accouſtumé de
coucher, avec de beaux tapis & force quarreaux,
pour eſtre plus molement & plus délicieuſement.
Au milieu de la chambre eſtoit une lampe d'argent, à la lueur de laquelle elle ſe frotta & moy
auſſi d'une huile tres-precieuſe, puis m'embraſſant me traina par le cou ſur le lict, avec des paroles & des careſſes, comme ſi j'euſſe eſté ſon ga-
land. Je ne me fis pas beaucoup prier, parce
qu'elle eſtoit belle, & que je me portois fort bien;

mais comme je n'avois point caressé de femmes
depuis ma metamorphose, je craignois de la tuër,
& qu'on ne me punist aprés comme un homici-
de. A la fin enhardy, par l'exēple de Pasiphaé, qui
avoit bien aimé un Taureau, je me mis en devoir
de la satisfaire , & trouvay que c'estoit à grand
tort que j'avois eu cette frayeur. Le jour venu,
elle se leva à regret, & sortit avec ses gens qui l'a-
tendoient dans une antichambre, aprés avoir ob-
tenu une seconde nuit pour le mesme prix. Mais
mon maistre averty par son Afranchy, nous vint
regarder à travers la porte ; & estonné de cette
merveille, resolut de donner ce plaisir au peuple,
& de me faire coucher publiquement avec une
esclave de celles qui sont condamnées à la mort.
Sur la fin donc des jeux, on me mit dans un lict,
dont le bois estoit garny d'or & d'escaille de
tortuë, & l'esclave auprés de moy; & en cet estat
on nous trasna avec une machine au milieu de
l'amphiteatre, au grand estonnement de tout le
peuple. Il y avoit-là une table couverte de toutes
sortes de mets, & servie par de beaux garçons,
qui nous donnoient à boire dans des coupes d'or:
mais outre la honte que j'avois de coucher avec
une femme devant tout le monde, je n'estois pas
trop en seureté, craignant que quelque beste farouche ne me vint devorer. Dans cette apprehen-
sion il vint à passer un homme qui portoit des
roses; ce que je n'eus pas plustost aperceu, que je
courus en manger, & repris ma premiere forme.
Jamais spectateurs ne demeurerent plus estonnez, les uns vouloient qu'on me brûlast comme
un Magicien, les autres qu'on aprist de moy auparavant les raisons de cette merveille, lorsque je
m'aprochay du Gouverneur de la Province qui

O iij

estoit present; & luy ayant fait le recit de mon histoire, j'offris de tenir prison jusqu'à ce que j'eusse justifié tout ce que je luy avois dit, Mais ayant apris mon nom & celuy de mon pais, il me sauta au col tout transporté, & dit qu'il me connoissoit fort bien, & que mon pere estoit son intime amy, de sorte qu'il m'emmena avec luy. Au bruit de cet accident, mon frere arrive avec de l'argent pour me racheter; mais le Gouverneur me declara libre en pleine assemblée. Alors je crûs qu'il estoit de mon devoir d'aller remercier cette Dame, qui avoit témoigné tant de bonne volonté pour moy pendant ma metamorphose, m'imaginant que sa passion redoubleroit lorsqu'elle me verroit homme. Mais il arriva tout le contraire; car je reconnus de la froideur dans son entretien, que je ne sceus à quoy attribuër, si ce n'estoit à quelque avantage que j'avois perdu. Comme je luy en demandois la cause, elle me dit de fort bonne grace, qu'elle voyoit bien que son amour n'avoit esté qu'un effet de sa curiosité, & qu'elle n'avoit plus la mesme passion pour moy, maintenant que j'estois homme. Je retournay donc au logis tout honteux; & contay mon aventure à mon frere, qui m'en fit long-temps la guerre. De là nous nous embarquâmes par un bon vent, & ne fûmes pas plustost arrivez au païs, que j'alay rendre graces aux Dieux, d'avoir échapé de si grands dangers, & d'estre arrivé au port apres tant d'orages.

L. 12

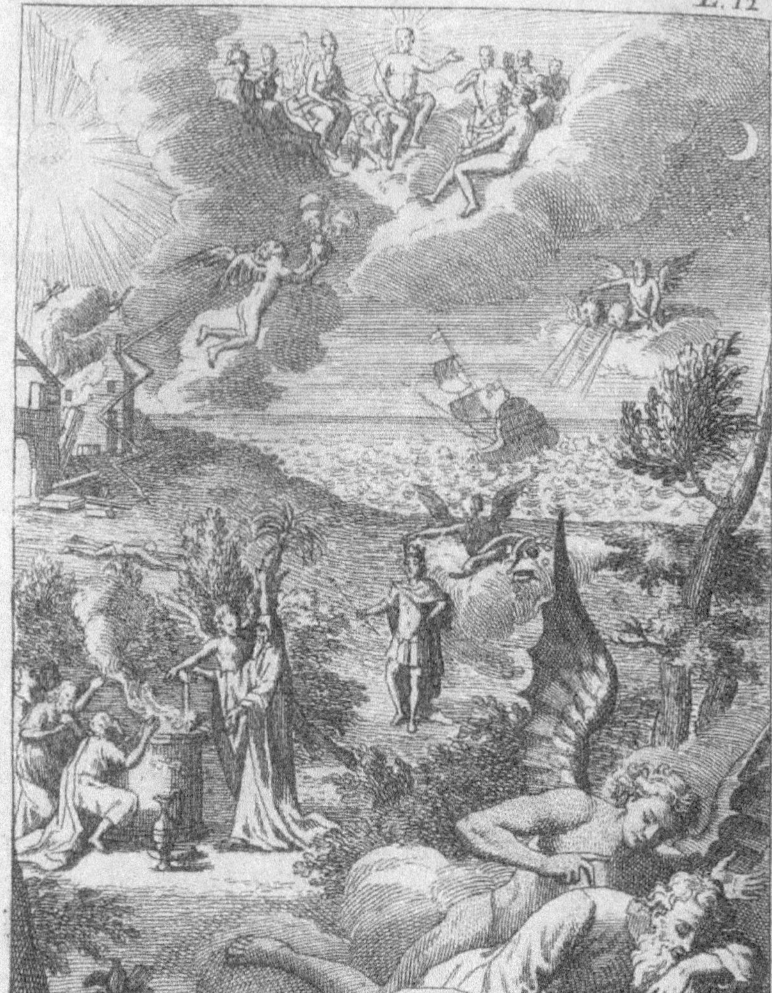

Desmarezt in. Thomassin sc.

DU DEMON,

OU

ESPRIT FAMILIER

DE

SOCRATE,

PAR APULÉE

PHILOSOPHE PLATONICIEN.

AVERTISSEMENT.

CE petit Traité, dans lequel Apulée prétend donner une juste idée du Démon ou Esprit familier de Socrate, n'est pas le moins curieux de ses Ouvrages. Il a paru assez important à S. Augustin, pour mériter qu'il le refutât fort sérieusement, comme il a fait dans le huitiéme Livre de la Cité de Dieu, dont il occupe huit Chapitres entiers. *

Notre Auteur, à l'occasion de ce Démon de Socrate, a fait entrer dans ce Livre tou-

* Chap. 14-22.

te la doctrine des Pythagori-
ciens & des Platoniciens, pui-
sée chez les Chaldéens tou-
chant les Dieux, les Démons,
les Génies, les Manes, & gé-
neralement tout ce qu'on appelle Esprits.

Il contient en abregé tout
ce que Platon en dit dans *
six de ses Dialogues, & dans
l'Apologie de Socrate.

Plutarque a traité le même
sujet dans un long Dialogue
qui en porte le nom, bien qu'il
n'en fasse que la moindre partie ; ce qu'il en dit n'approche pas du détail, ni de la
netteté de notre Auteur.

* *Le Theage, le Banquet, le Phèdre,
le Phédon, le Thimée, & l'Epinomis.*

Il n'est pas difficile de voir
que c'est dans ces sources, que
le Comte de Gabalis, & tous
les autres qui ont écrit avant
lui de cette matiere, ont pui-
sé leurs rêveries.

Ce Livre, au jugement de
Wowerius, contient la Mé-
taphysique de Platon ; c'est
pour cela, dit-il, qu'il est pla-
cé dans les Ouvrages d'Apulée immédiatement après les
trois Livres qui contiennent
la Physique, la Morale & la
Dialectique de ce Philoso-
phe.

Comme il y est traité de la
nature des Génies & des Démons, par le ministere des-
quels Apulée prétend que se

produifent les miracles ma-
giques, les prédictions des
Devins, & tous les autres effets qui paroiffent furpaffer
les forces ordinaires des caufes naturelles, j'ai crû qu'a-
près la lecture des Livres de
l'Ane d'Or, remplis des pro-
diges de la Magie, & des
merveilles operées par la force des enchantemens, le Lecteur ne feroit pas fâché de
trouver ici la Traduction
d'un Livre, où les caufes en
font marquées.

DU DEMON,
OV
ESPRIT FAMILIER
DE·SOCRATE.

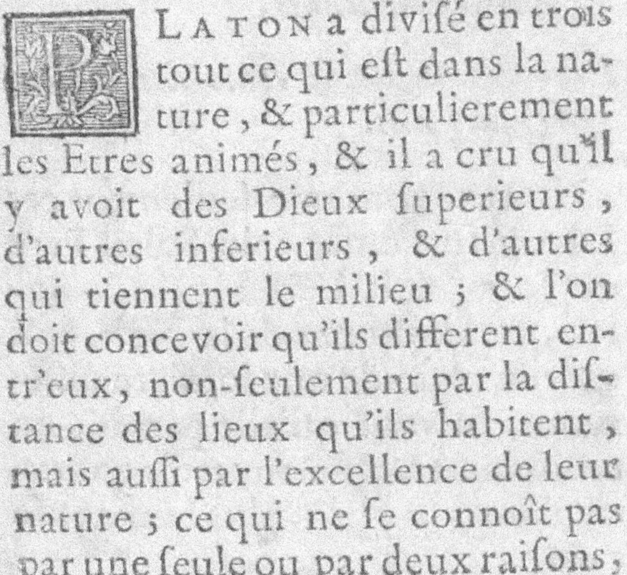

LATON a divifé en trois tout ce qui eft dans la nature, & particulierement les Etres animés, & il a cru qu'il y avoit des Dieux fuperieurs, d'autres inferieurs, & d'autres qui tiennent le milieu ; & l'on doit concevoir qu'ils different entr'eux, non-feulement par la diftance des lieux qu'ils habitent, mais auffi par l'excellence de leur nature ; ce qui ne fe connoît pas par une feule ou par deux raifons, mais par un fort grand nombre.

Pour plus de netteté , Platon commence par leur différente situation. Il a assigné le ciel aux Dieux immortels , comme il convient à la dignité de leur essence ; & ces Dieux célestes nous sont connus , les uns seulement par les yeux de l'entendement , & les autres par les yeux corporels.

*Flambaux de l'Univers , toujours
  vifs & brillants,*

*Vous qui reglez le cours des saisons
  & des ans.*

Nous voyons non-seulement ces Dieux suprêmes ; le Soleil Pere du Jour, & la Lune rivale du Soleil, & l'honneur de la Nuit. Soit qu'elle répande une lumiere différente, suivant qu'elle paroît, en croissant, à moitié, aux trois quarts, ou dans son plein, plus lumineuse

* *Virg. au 1. l. des Georgiques.*

3

LES · VINGT-HVICT
FACES · DE LA LVNE
Premier · Quarter.
ET SES · ASPECTS
PRINCIPAVX
Pleine—Lune.
ECLIPSE DE SOLEIL
ECLIPSE DE LA LVNE
MERCREDY
OPPOSITION

à mesure qu'elle s'éloigne du Soleil, & marquant les mois de l'année par son croissant & son dé-
cours toujours égaux , soit que
sa blancheur lui soit propre, ainsi
que le croyent les Chaldéens , &
qu'ayant une moitié lumineuse &
l'autre qui ne l'est pas , elle nous
paroisse ainsi changeante, à cause
de la circumvolution de son Dis-
que mipartie ; soit que n'ayant aucune blancheur d'elle-même, elle
ait besoin d'une Lumiere étrangere , & qu'étant un corps opa-
que & poli comme une espece de
miroir , elle reçoive les rayons du
Soleil , tantôt obliquement , &
tantôt directement , & que pour
me servir de l'expression de Lucréce ,

Son corps répande une fausse lumiere :

sans m'arrêter à examiner ici laquelle de ces deux opinions, est la
véritable , il est certain qu'il n'y

a point de Grec ni de Barbare qui
ne conjecture facilement, que la
Lune & le Soleil sont des Dieux ;
& non-seulement ces deux astres,
mais aussi ces cinq Etoiles que le
Vulgaires appelle Errantes, qui
néanmoins par des mouvemens
certains & invariables, font éter-
nellementleur cours divin avec un
ordre merveilleux. Elles ne suivent
pas à la vérité la même route les
unes ni les autres;mais toutes,avec
une égale rapidité, font voir, par
leurs admirables changemens,
tantôt leurs progressions, & tantôt
leurs rétrogradations, selon la situation,la courbure & l'obliquité
des cercles qu'elles décrivent, qui
sont parfaitement connus par
ceux qui sont versés dans la connoissance du lever & du coucher
des Signes du Zodiaque.

Vous qui suivez les sentimens
de Platon, mettez au nombre de
ces Dieux visibles,

Les

PLATO.

Apud Fulcium Vrsinum
in gemma.

Abrahamus Heckius inv. et celavit

Abrahamus Heckius inv. et celavit.

Les Hyades, ᵇ *l'Arcture avec l'une*
& l'autre Ourse.

aussi-bien que ces autres Dieux
brillans, qui dans un tems serein
embellissent la céleste cour, lorsque la Nuit étale ces tristes &
majestueuses beautés dont elle a
coutume de se parer, & que nous
voyons, (comme dit Ennius) *les*
gravures éclatantes & diversifiées de
ce parfait Bouclier du monde.

Il y a une autre espece de Dieux
que la Nature a refusé à nos regards, & que cependant, avec admiration, notre imagination nous
représente, lorsqu'avec attention
nous les considerons des yeux de
l'esprit. En voici douze qu'Ennius
a exprimez en deux vers Latins,
qui sont, *Junon*, *Vesta*, *Minerve*,

ᵃ *Ce sont sept Etoiles, qui sont à la tête du*
Taureau.

ᵇ *L'Etoile qui est à la queuë de la grande*
Ourse.

Cerés, Diane, Venus, Mars, Mercure,
Jupiter, Neptune, Vulcain, Apollon,
sans les autres de même nature,
dont les noms sont depuis long-
tems assez familiers à nos oreilles,
& dont notre esprit conçoit les
differens pouvoirs par les divers
bienfaits qu'on en reçoit ici-bas
dans les choses que chaque Divinité gouverne.

Au reste ce grand nombre de
prophanes que la Philosophie re-
jette, qui n'ont nulle connoissance des choses saintes, que la raison n'éclaire point; ces hommes,
dis-je, sans religion, & incapables
de parvenir à la connoissance de
la vérité, deshonorent les Dieux
par un culte scrupuleux, ou par
un mépris insolent, la superstī-
tion causant la timidité des uns,
& l'impiété, l'arrogance, & la
fierté des autres. Il y en a beaucoup qui révérent tous ces Dieux
qui font dans le ciel, loin du

commerce des hommes, mais ils
les honorent par un culte illégi-
time; tous les craignent, mais
d'une crainte grossiere & igno-
rante; quelques-uns, en petit nombre, nient leur exiſtence; mais
avec la derniere impiété.

Platon croit que ces Dieux ſont
des ſubſtances immaterielles, ani-
mées, ſans commencement ni fin,
qui ont exiſté de toute éternité,
& qui exiſteront éternellement,
diſtinguées de la matiere par leur
propre eſſence, joüiſſantes de la
ſuprême félicité, dûë à leur nature intelligente, bonnes ſans la
communication d'aucun bien ex-
terne, mais par elles-mêmes, &
qui ont facilement, ſimplement,
librement, & parfaitement tout
ce qui leur convient.

Le Pere de ces Dieux, eſt le
ſouverain Seigneur & Créateur
de tous les Etres ; il eſt dégagé
de la néceſſité d'agir ou de rien

souffrir , & n'est soumis à aucun
soin. Mais pourquoi voudrois-je
en parler préfentement, puifque
Platon , qui étoit doüée d'une éloquence divine, & dont les raifon-
nemens étoient dignes des Dieux
immortels, affure très-fouvent
que l'immenfe & ineffable grandeur de cette Divinité, eft tellement au-deffus de nos concep-
tions, que tous les difcours humains n'ont point d'expreffions
qui puiffent même en donner la
moindre idée. Qu'à peine les Sages peuvent parvenir à la connoiffance de ce Dieu, lors même
que leur ame détachée pour ainfi
dire de leur corps, s'éleve à la plus
haute contemplation, & qu'enfin
ils n'apperçoivent quelquefois
quelques rayons de fa Divinité,
que comme on voit un éclair qui
brille un inftant au milieu d'une
épaiffe obfcurité.

Je pafferai donc fous filence ces

endroit, où non-seulement je manque de termes pour exprimer di-
gnement un si grand sujet, mais
même où Platon mon maître en a
manqué, & je n'en dirai pas davantage sur une matiere qui est infiniment au-dessus de mes forces. Je
descendrai du Ciel sur la Terre,
où l'homme tient le premier rang
entre les Animaux, quoique la
plûpart des hommes corrompus
faute d'une bonne éducation,
imbus de mille erreurs, & noir-
cis de crimes affreux, ayent presque entierement étouffé la dou-
ceur de leur naturel, & soyent
devenus si féroces, qu'on peut dire
que l'homme s'est rendu le plus
méprisable de tous les Animaux:
Mais il n'est pas question présentement de discourir des erreurs, il
s'agit de la division de la nature.

Les hommes sont sur la Terre,
doüez de raison & de l'usage de
la parole ; ils ont une ame immor-

telle enveloppée d'une matiere
périssable : leur esprit est inquiet &
léger, leur corps est terrestre &
infirme, leurs mœurs sont différentes, leurs erreurs sont semblables, toujours entreprenans, es-
perans jusqu'au dernier soupir,
travaillans vainement, sujets aux
caprices de la fortune, & enfin
tous soumis à la mort. Eternels
cependant dans leur espece, ils
changent seulement en ce qu'ils
se succedent les uns aux autres
en fort peu de tems. Ils n'acquié-
rent la prudence que bien tard,
& trouvent bien-tôt la fin d'une
vie qu'ils passent dans des miseres
continuelles.

Vous avez donc deux especes
d'Etres animés, les Dieux qui
different infiniment des hommes
par l'élévation de leurs demeu-
res célestes, par l'éternité de leur
vie & la perfection de leur nature, n'ayant nulle communication

prochaine avec les hommes, puiſ-
qu'ils en ſont ſéparés par un ſi
grand eſpace ; outre que la vie
dont ils joüiſſent ne ſouffre jamais la moindre altération & eſt
éternelle, qu'ici-bas celle des
hommes s'écoule & trouve ſa fin,
& que les eſprits des Dieux ſont
élevés à la félicité, & ceux des
hommes abbattus dans les cala-
mités.

Mais quoi? eſt-ce que la nature
ne s'eſt point unie elle-même par
quelque enchaînement ? a-t'elle
voulu ſe diviſer entre les Dieux
& les hommes, & demeurer, pour
ainſi dire, interrompuë & impar-
faite ; car, comme dit le même
Platon, aucun Dieu ne converſe
avec les hommes, & c'eſt une des
plus grandes preuves de leur dignité, de ce qu'ils ne ſe foüillent
point par aucun commerce avec
nous. On en voit quelques-uns foi-
blement, j'entens les Aſtres ; & les

hommes font encore incertains de
leur grandeur & de leur couleur.
Les autres ne fe connoiffent que
par l'entendement & même avec
beaucoup de peine ; ce qui, fans
doute, n'eft pas furprenant dans
les Dieux immortels, puifque même parmi les hommes, celui qui,
par les faveurs de la fortune, fe
trouve élevé fur le trône chan-
cellant d'un Empire, fe laiffe dif-
ficilement aborder, & paffe fa vie
fans témoins & caché dans le Sanctuaire de fa grandeur ; car la fa-
miliarité fait naître le mépris, &
la rareté excite l'admiration.

Que faut-il donc faire, me
dira quelque Orateur ? Suivant
votre opinion, qui a quelque chofe de divin à la vérité, mais en
même-tems de fort cruel, s'il eft
vrai que les hommes foyent abfolument bannis du commerce des
Dieux immortels ; fi, relegués ici-
bas fur la terre, toute communication

cation leur est interdite avec les
habitans des Cieux, & s'il est vrai
qu'au lieu que le Berger visite ses
troupeaux & l'Ecuyer ses haras,
nul d'entre les Dieux ne vient vi-
siter les hommes pour réprimer
la férocité des méchans, rendre
la santé aux malades, & secourir ceux qui sont dans la néces-
sité. Aucun Dieu, dites-vous, ne
se mêle des choses humaines. A
qui donc adresserai-je mes prieres?
à qui ferai-je des vœux? à qui im-
molerai-je des victimes? qui invo-
querai-je dans tout le cours de ma
vie, comme le Consolateur des
malheureux, l'Ami des bons &
l'Ennemi des méchans? Enfin qui
prendrai-je à témoin de mes ser-
mens? dirai-je comme Iülus dans
Virgile: * *Je jure par cette tête,
serment que faisoit ordinairement
mon pere?* Mais Iülus, Enée votre
pere pouvoit bien jurer ainsi par-

* *L. 9. de l'Eneide.*

mi les Troyens ſes compatriotes, &
peut-être même parmi les Grecs
qu'il connoiſſoit par les batailles
ou il s'étoit trouvé contre eux :
Cependant ſi entre les Rutulois
qu'il n'y a pas long-tems que vous
connoiſſez, il ne s'en trouve aucun qui ajoute foi au ſerment que
vous faites *ſur cette tête*, quel
Dieu répondra pour vous ? Sera-
ce votre bras & votre javelot,
comme au féroce Mezence, qui
ne juroit jamais que par ce qui
lui ſervoit à combattre.

* *Ce dart & cette main ſont mes uni-
ques Dieux.*

Loin ces Dieux ſi cruels ! une main
laſſe de meurtres, & un javelot
roüillé par le ſang, ni l'un ni l'autre ne ſont pas dignes que vous les
invoquiez, & que vous juriez par
eux, puiſque cet honneur n'eſt dû
qu'au plus grand des Dieux, &
même, comme dit Ennius, le ju-

* *L.* 10. *de l'Eneïde.*

rement s'appelle le * serment de
Jupiter.

Que me conseillez-vous donc? Ju-
rerai-je tenant un caillou à la main
qui repréſente Jupiter , ſuivant
l'ancienne coutume des Romains?
Certainement ſi l'opinion de Platon eſt véritable , que les Dieux
n'ont aucun commerce avec les
hommes, cette pierre m'entendra
plus facilement que Jupiter : Mais
cela n'eſt pas vrai, car Platon vous
répondra ſur ſon opinion par ma
bouche. Je ne prétens pas , dit-il ,
que les Dieux ſoient ſi éloignés
& ſi differens de nous, que nos
prieres ne puiſſent parvenir juſqu'à eux ; car je ne leur ôte pas le
ſoin, mais ſeulement l'adminiſtra-
tion des affaires d'ici-bas. Au
reſte il y a de certaines puiſſances
moyennes qui habitent cet inter-
valle Aërien qui eſt entre le Ciel
& la Terre, par le moyen deſ-

* _Jusjurandum quaſi Jovis jurandum._

quelles nos vœux & nos bonnes
actions passent jusques aux Dieux.
Ces puissances que les Grecs nomment *Démons* , qui sont entre les
habitans de la Terre & des Cieux,
portent les prieres & les supplica-
tions , & rapportent les secours &
les bienfaits , comme des especes
d'Interprêtes , & d'Ambassadeurs,
entre les hommes & les Dieux ;
c'est par leur ministere (comme
dit Platon dans son Banquet)
qu'arrivent toutes les révélations
& les présages, de quelque nature
qu'ils puissent être , aussi-bien que
les divers miracles que font les Ma-
giciens; car chacun de ces Démons,
ou Esprits , prend soin des choses
qui regardent l'emploi qui lui est
assigné , soit en faisant naître des
songes , en disposant les entrailles
des victimes , en gouvernant le
vol ou le chant des oiseaux, en
inspirant les Prophétes , en faisant briller les éclairs dans les

nuës, ou en lançant la foudre ;
en un mot, en dirigeant tout ce
qui sert à connoître l'avenir. Et
l'on doit être persuadé que toutes ces choses s'exécutent par la
puissance, la volonté, & le commandement des Dieux, mais par
la médiation & le ministere des
Démons ; car c'est par leur entre-
mise & leur soin qu'Annibal est
menacé en songe de perdre la vûë,
que les entrailles des victimes an-
noncent à Flaminius la défaite de
son armée, que les Augures font
connoître à Attius Navius qu'il
peut faire le miracle de couper
avec un rasoir une pierre à aigui-
ser : C'est par eux que certains signes prédisent à quelques-uns leur
avénement à l'Empire, qu'un Ai-
gle vient couvrir la tête du vieux
Tarquin, que celle de Servius
Tullius paroît tout en feu : Enfin toutes les prédictions des Devins, les expiations des Etruriens,

M m iij

les lieux frappés de la foudre ,
les vers des Sybilles , & géné-
ralement toutes les choſes de cette
nature, ſont , comme je l'ai dit ,
les ouvrages de certaines Puiſſances , qui tiennent le milieu entre
les hommes & les Dieux. Car il
ne convient point à la dignité des
Dieux du Ciel, qu'aucun d'entre
eux repréſente des ſonges à Annibal, ôte des mains des Prêtres
la victime qu'immoloit Flaminius,
conduiſe le vol des oiſeaux que
conſultoit Attius Navius , mette
en vers les oracles des Sybilles ,
découvre la tête de Tarquin &
la recouvre auſſi-tôt, ou environne
de flâmes celle de Servius ſans la
brûler ; les Dieux ſuprêmes ne
daignent pas s'abbaiſſer à ces oc-
cupations, c'eſt là l'emploi de ces
Dieux mitoyens qui habitent tout
cet eſpace Aërien qui eſt entre le
ciel & la terre, de la même maniere que les animaux qui ſont ici

bas habitent des lieux differens,
suivant la difference de leur nature, qui destine les uns à marcher
sur la terre, & les autres à voler
dans l'air. Car puisqu'il y a quatre
Elemens que tout le monde connoît qui divisent la nature , pour
ainsi dire, en quatre grandes parties, & qu'il y a des animaux particuliers à la terre, & d'autres au
feu suivant Aristote, qui assure
que certains animaux aîlés volent
dans les fournaises ardentes , &
passent toute leur vie dans le feu,
naissent avec lui & meurent lorsqu'il s'éteint ; puisque d'ailleurs,
ainsi que je l'ai dit ci-devant ,
nous voyons tant d'Astres différens au-dessus des airs, c'est-à-dire, dans le feu élémentaire. Pourquoi la nature laisseroit-elle ce
quatriéme élément de l'air qui
est si vaste, vuide de toutes choses & sans habitans ? Pourquoi ne
s'engendreroit-il pas aussi bien des

M m iiij

êtres animés dans l'air que dans
le feu, dans l'eau & dans la terre?
car vous pouvez assûrer que ceux
qui croyent que les oiseaux sont
les habitans de l'air, se trompent
extrêmement, puisqu'aucun oiseau ne s'éléve plus haut que
l'Olympe, qui est de toutes les
montagnes la plus élevée, & qui
cependant, selon les Géometres,
n'a pas dix stades de hauteur per-
pendiculaire, & qu'il y a un si
prodigieux espace d'air jusqu'au
ciel de la Lune, où commence le
feu élémentaire.

Quoi donc! cette grande quantité d'air qui s'étend depuis la Lune, jusqu'au sommet du mont
Olympe, n'aura-t'il point ses êtres
particuliers? & cette partie de
l'Univers sera-t'elle impuissante
& inanimée? Car, si vous y prenez
garde, les oiseaux sont plûtôt des
animaux terrestres qu'aëriens,
puisqu'ils passent leur vie sur la

rerre, qu'ils y prennent leur nourriture, qu'ils y repofent & qu'ils
ne font Aëriens que parce qu'en
volant ils traverfent l'air qui eft
voifin de la terre : Au refte, lorfque leurs aîles qui leur fervent
de rames font fatiguées, la terre
eft pour eux comme un port où
ils prennent du repos.

Si la raifon demande donc évi-
demment qu'on conçoive qu'il
doit y avoir dans l'air des Etres
animés qui lui foient particuliers,
il ne nous refte plus qu'à examiner
de quelle efpece & de quelle nature ils font. Ils ne font point terreftres en aucune maniere, parce
que leur propre poids les feroit
defcendre en bas ; auffi ne font-ils
point ignées, crainte que par leur
chaleur ils ne s'élevaffent jufqu'à
la fphére du feu élémentaire.
Formons donc des Etres d'une
nature mitoyenne & conforme à
la nature du lieu qu'ils habitent :

Il faut pour cela nous imaginer &
repréſenter à notre eſprit des corps
conſtituez, de maniere qu'ils ne
ſoyent pas ſi peſants que ceux qui
ſont terreſtres, ni ſi légers que les
céleſtes, mais qui ſoient en quelque façon differens des uns & des
autres, ou bien qui tiennent de
tous les deux, ſoit qu'ils n'ayent
rien de commun avec eux, ſoit
qu'ils participent de la nature des
uns & des autres ; ce qui eſt à la
vérité plus facile à concevoir ainſi que de l'autre maniere.

Il faut donc que les corps de
ces Démons ayent en même-tems
quelque peſanteur qui les re-
tiennent pour n'être pas élevés en
haut, & quelque légéreté qui les
ſoutienne pour ne pas tomber en
bas. Mais afin que vous ne penſiez
pas que j'imagine des choſes in-
croyables à la maniere des Poëtes,
je commencerai par vous donner
un exemple de cet équilibre ;

car les nuées font à peu près femblables à la légéreté des corps de
ces Démons, fi elles n'avoient
abfolument aucune péfanteur on
ne les verroit jamais comme nous
les voyons fort fouvent abbaiffées
au-deffous du fommet d'une haute
montagne, l'entourer comme une
efpece de collier. Au refte, fi leur
denfité & leur péfanteur étoit
telle qu'elle ne fût temperée par
aucune légereté qui les foutînt,
il eft certain que d'elles-mêmes
elles tomberoient violemment
contre terre, aînfi que pourroit
faire une pierre ou une maffe
de plomb. Mais on les voit fuf-
penduës & mobiles dans cette
mer aërienne, aller de côté &
d'autre, fuivant qu'elles font pouf-
fées par les vents, changeant peu
à peu de figure à mefure qu'elles
s'approchent ou qu'elles s'éloignent ; car fi elles font trop pleines
d'eau, elles s'abaiffent pour pro-

duire de la pluye. Ainſi plus les
nuages ſont chargés d'humidité ;
plus on les voit noirs & épais s'approcher doucement de la terre,
& moins ils en ſont chargés, plus
on les voit brillants & ſemblables
à des pelotons de laine s'élever
rapidement en haut. N'entendez-
vous point ce que Lucréce dit ſi
élégamment ſur le tonnerre :

*Cet effroyable bruit qu'excite le ton-
   nerre

N'eſt que l'effet commun des vapeurs
   de la terre,

Et qu'un amas confus de nuages ar-
   dens

Qui ſe heurtent & s'échauffent agité
   par les vents.

Si les nuées qui proviennent de
la terre & qui y retombent volent
dans les airs, que penſez-vous

*Lucrece l. 6.

enfin des corps des Démons, qui
sont d'une matiere infiniment plus
subtile & moins condensée ? car
ils ne sont point composés de la
matiere noire & impure dont les
nuages sont formés, mais du plus
clair, du plus fluide & du plus pur
de l'Element de l'air ; ce qui fait
qu'il n'est pas aisé à aucun homme
de les voir, à moins qu'ils ne se
rendent visibles par l'ordre des
Dieux, parce que leurs corps n'ont
aucune solidité terrestre qui occupe la place de la lumiere, &
qui puisse s'opposer à nos yeux,
& où les rayons de notre vûë ve-
nant à heurter s'arrêtent néces-
sairement. Mais ils sont d'une matiere rare, brillante & subtile,
de maniere que ces mêmes rayons
les pénétrent à cause de leur peu
de densité, que leur éclat nous
éblouït, & que nos regards ne
peuvent avoir de prise sur eux à
cause de la subtilité de la matiere

dont ils sont formés.

C'est ainsi que la Minerve d'Homere descend, par l'ordre de Junon au milieu des Grecs pour moderer le courroux d'Achille.

Présente à ses regards, pour tout autre invisible.

C'est ainsi que dans Virgile Juturne se trouve au milieu d'une nombreuse armée pour secourir son frere.

Au milieu des soldats, nul ne la sçauroit voir.

Par une raison differente de celle du soldat fanfaron de Plaute, qui se vante qu'avec son bouclier *il ébloüissoit les yeux de ses ennemis.* Mais pour ne pas m'étendre davantage sur de pareils exemples, les Poëtes (en quoi ils ne s'éloignent pas de la vérité) feignent qu'il y a des Dieux du nombre de ces Démons qui ont de la haine

pour de certains hommes, & de
l'amitié pour d'autres. Ils préten-
dent qu'ils donnent aux uns de
l'élévation dans le monde & les
rendent heureux, qu'ils abaiſſent
les autres, & les accablent de
diſgraces. Il s'enſuit de là que ces
Dieux ſont ſuſceptibles de pitié,
de colere, de triſteſſe & de joye,
qu'ils éprouvent les divers changemens de l'eſprit humain, &
qu'ils ſont expoſés à tous les orages de cette mer tumultueuſe de
penſées où flotent notre cœur &
notre eſprit.

Ces troubles & ces tempêtes
ſont bien oppoſées à la tranquillité des Dieux céleſtes ; car tous
ces habitans des cieux ont toujours l'eſprit dans le même état
& dans une perpétuelle égalité :
Il n'eſt jamais ébranlé de ſa ſituation ordinaire, ni par la douleur,
ni par le plaiſir, & jamais ſon
éternelle & permanente diſpoſi-

tion n'est sujette à aucun changement subit, soit par l'impression de quelque puissance étrangere, parce que rien n'est plus puissant que Dieu, soit par son propre mouvement, parce que rien n'est plus parfait que Dieu. En effet, comment celui qui change d'un premier état à un autre meilleur, peut il être estimé parfait, d'autant plus principalement qu'il n'y a personne qui par son propre choix prenne une nouvelle situation, à moins qu'il ne soit las & ennuyé de celle où il étoit auparavant; car ce changement d'action ne peut point avoir son effet sans la destruction de ce qui le précédoit. C'est pourquoi, Dieu ne doit faire aucune fonction temporelle, soit en donnant du secours, ou en marquant de l'affection : ainsi il ne doit ressentir ni la colere, ni la pitié; il ne peut être agité ni par la tristesse, ni par la joye, mais

libre

libre & dégagée de toutes les paffions de l'efprit, rien ne peut jamais l'affliger ni le réjoüir, & il
n'eft point fujet à avoir aucun
defir, ou aucune averfion fubite
pour quoi que ce puiffe être.

Mais toutes ces chofes, & les
autres femblables, conviennent à
l'état mitoyen des Démons ; car
ils tiennent le milieu entre les
Dieux & nous, auffi-bien par la
nature de leur fubftance, que par
l'efpace qu'ils habitent, étans immortels comme eux, & fujets aux
paffions comme nous. Ainfi toutes
les affections qui ébranlent l'ame,
ou qui l'appaifent, leur font com-
munes avec les hommes. La co-
lere les irritent ; la pitié les fléchit :
on les gagne par des offrandes ;
on les adoucit par les prieres ;
le mépris les révolte ; le refpect
les reconcilie, & les mêmes mouvemens qui caufent nos altera-
tions, produifent leurs inégalités.

Enfin pour les définir exacte-
ment, on peut dire que les Démons font des Etres animés, dont
l'esprit est raisonnable, l'ame paf-
sive, le corps aërien, & la durée
éternelle. De ces cinq attributs,
les trois premiers font les mêmes
que les nôtres ; le quatriéme leur
est propre, & le dernier leur est
commun avec les Dieux ; mais ils
different d'eux par les passions.
C'est pourquoi je croi avoir eu
raison de dire que leur ame est
passive, puisqu'en effet elle souffre les mêmes agitations que la
nôtre ; ce qui prouve combien les
differens cultes & les diverses expiations qui se pratiquent dans la
Religion font raisonnables ; car
dans le nombre de cette espece
de Divinités differentes, à qui
nous adressons nos vœux, nos victimes, nos offrandes, les uns se
plaisent aux cérémonies nocturn-
nes, les autres à celles qui se

pratiquent le jour, ceux-là veulent un culte caché ; ceux ci un culte public, la joye convient aux uns, la tristesse aux autres. Ainsi les Egyptiens honorent les leurs par des gémissemens, les Grecs par des danses, & les Barbares par le son des instrumens. De même voyons-nous que toutes les autres choses qui ont rapport aux cérémonies religieuses, les assemblées, les mysteres, les emplois des Prêtres, les devoirs des Sacrificateurs, même les images des Dieux, leurs ornemens, le culte de leurs temples, le choix & la couleur des victimes : Toutes ces choses, dis-je, ont leurs differences, suivant la diversité des païs, & tirent leur solemnité de l'usage des lieux où elles sont pratiquées, comme on le peut voir à la colere que ces Dieux font éclater dans les songes, dans les prédictions, ou dans les oracles, lorsque par mépris ou par négligence nous avons omis quelque circonstance dans leurs cérémonies.

J'en pourrois citer une infinité d'exemples, mais ils sont si connus & en si grand nombre, que tous ceux qui ont voulu les recueillir jusqu'à présent, en ont beaucoup plus omis qu'ils n'en ont dit. C'est pourquoi je ne m'amuserai point à rapporter ces sortes de choses que personne n'ignore, quoique tout le monde n'y ajoute pas foi : j'aime mieux discourir des differentes especes de Démons, dont les Philosophes font mention, parce que cette énumération nous conduira à une connoissance plus distincte du pressentiment de Socrate & de son Génie ou Démon familier ; car l'ame de l'homme, dans le tems même qu'elle est dans son corps, peut en un sens être appellée un Démon ou un Dieu.

a *Cette ardeur, ces transports, nous*
   viennent-ils des Cieux,

Ou de nos passions nous faisons-nous
   des Dieux ?

Ainsi donc une bonne inspiration est un bon Démon, & comme nous l'avons dit, les bienheureux sont appellés, *gens dont le Démon est bon*, pour signifier que leur ame est doüée de toutes sortes de vertus. C'est ce que j'appelle en notre langue *Génie*, sans pouvoir répondre pourtant que ce terme réüssisse : je l'appelle ainsi, parce que ce Génie, qui n'est autre chose que notre ame, quoiqu'il soit immortel, est en quelque façon b engendré avec nous ; de sorte que cette expression dont nous nousservons communément, *je vous conjure par votre Génie, & par vos genoux que j'embrasse,* me

a *Nisus à Curialus L. 9. de l'Eneïde.*
b *Genius à Genendo.*

paroît exprimer parfaitement le sentiment que nous avons du rapport & de l'union étroite de notre ame avec notre corps, dont l'assemblage nous fait ce que nous sommes.

Nous appellons encore Démon dans une autre signification, cette même ame affranchie & délivrée des liens du corps , quand le cours de notre vie est achevé ; c'est ce que les anciens Latins ont appellé *Lémures*. Or entre ces derniers, ceux qui prenant soin de leur postérité, s'attachent au gouvernement de nos familles, & y entretiennent la paix & la tranquillité, s'appellent *Lares* ou Dieux familiers. Ceux qui, au contraire, pour avoir mal vêcu sur la terre, n'ont aucune demeure certaine, & condamnés à une vie errante & vagabonde , n'ont d'autre emploi que d'effrayer les bons , & de tourmenter les méchans :

Ceux-là, dis-je, sont appellés *Larves*, ou *Phantômes*. Mais comme il est impossible de deviner la destinée de chacun d'eux en particulier, & de discerner les Lares d'avec les Larves, on les honore les uns & les autres, sous le nom général de Dieux Manes, ce titre de Dieux étant ajouté par respect ; car, à proprement parler, nous ne devons reconnoître pour Dieux que ceux qui s'étant gouvernés pendant leur vie selon la prudence & l'équité, sont révérés comme tels parmi les hommes, & célébrés par des temples & par des fêtes, comme Amphiaraüs dans la Béotie, Mopsus en Affrique, Ofiris en Egypte ; celui-ci chez un peuple, celui-là chez un autre, & Efculape chez toutes les Nations.

Mais cette division regarde les ames qui ont autrefois habité des corps humains ; car il y a des

Dieux d'une autre espece, & pour
le moins en aussi grand nombre,
qui les surpassent de beaucoup en
dignité, & qui ayant toujours été
affranchis des entraves & des
liens du corps mortel, ont une
puissance plus étenduë, entre lesquels le sommeil & l'amour ont
deux facultés opposées, l'amour
celle de réveiller, & le sommeil
celle d'assoupir.

Dans cette nombreuse troupe
de Génies sublimes, Platon pré-
rend que chaque homme a le sien,
arbitre souverain de sa conduite,
toujours invisible & assidu témoin
non-seulement de ses actions;
mais de ses plus secrettes pen-
sées. Et quand après la mort nous
paroissons en jugement devant les
Dieux, c'est ce même Génie à
la garde duquel l'homme fut cons-
titué, qui s'en saisit pour le conduire devant son Juge, & là présent aux discours que nous faisons

pour

pour notre défense, il nous re-
prend lorsque nous avançons
quelque menfonge, il jure pour
nous quand nous difons la vérité,
& c'eft fur fon témoignage que
notre fentence nous eft pronon-
cée.

C'eft pourquoi vous à qui j'ex-
pofe ces divins myfteres de Platon, reglez fur ce principe toutes
vos actions & toutes vos penfées,
& fongez qu'il ne fe paffe rien ni
au-dedans ni au-dehors de votre
ame, dont ce Génie tutelaire ne
foit le témoin; qu'il examine tout,
qu'il voit tout, qu'il entend tout,
& qu'il pénétre jufques dans les
replis les plus cachés de votre
cœur, comme votre confcience
même. Ce Génie, dis-je, nous
tient en fa garde ; ce gouverneur
propre & particulier à chacun de
nous, infpecteur domeftique, ob-
fervateur affidu & inféparable de
toutes nos actions, ne fait nulle

grace aux mauvaiſes, comme il
ne fait point d'injuſtice aux bonnes. Appliquez-vous à le connoître, à le cultiver, & à le rendre
propice, comme Socrate, par la
juſtice & par l'innocence de vos
mœurs, & alors il vous aidera de
ſa prévoyance dans les choſes que
vous ignorez, de ſes conſeils dans
vos irréſolutions, de ſes ſecours
dans vos périls, & de ſon aſſiſ-
ſtance dans vos adverſités ; tantôt
dans vos ſonges, tantôt par des
ſignes viſibles, quelquefois même
en ſe manifeſtant à vous quand il
ſera néceſſaire ; il vous donnera
les moyens de prévenir les maux,
d'attirer les biens, de vous relever dans l'abbaiſſement, de vous
ſoutenir dans les occaſions chancelantes, de voir clair dans les
affaires obſcures, de vous conduire dans la bonne fortune, &
de vous rétablir dans la mau-
vaiſe.

Il ne faut donc pas s'étonner que Socrate, cet homme admirable, à qui Apollon même donna le nom de Sage, ait connu son Génie, & qu'à force de le cultiver il s'en soit fait non-seulement un gardien fidele, mais pour ainsi dire un compagnon & un ami familier, qui a détourné de lui tout ce qu'il en falloit éloigner, lui a fait deviner tout ce qu'il devoit prévoir, & l'a averti de tout ce qu'il devoit connoître ; en telle sorte que dans les choses où la sagesse humaine est en défaut, l'inspiration lui tenoit lieu de prudence, & décidoit en un moment ce que les plus mûres délibérations n'auroient pû décider. Car il y a bien des occasions où les plus sages sont souvent obligés d'avoir recours aux Devins & aux Oracles.

Homere ne nous a-t'il pas fait voir comme dans un grand miroir les fonctions de la Prudence & de la Divination distinctement séparées. Quand la division s'est mise entre Agamemnon & Achille, tous deux les premiers des Grecs, l'un par sa puissance & l'autre par sa valeur, & qu'il est question de trouver un homme recommendable par son expérience & par la force de ses discours, qui puisse fléchir l'orgueil du fils d'Atrée, appaiser la férocité du fils de Pelée, & les retenir l'un & l'autre par son autorité, par son exemple & par son éloquence, quel est celui sur qui on jette les yeux ? On choisit le sage Nestor, vieillard vénérable par un long usage des choses de la vie, joint au talent de persuader, & qui dans un corps affoibli par les années, renfermoit une prudence mâle & vigoureuse, soutenuë de tous les charmes & de tous les avantage de la parole. De même lorsque les affaires du parti deviennent douteuses & chancelantes, & qu'il s'agit d'envoyer à la faveur de la nuit, deux hommes capables de pénétrer dans le camp des ennemis, & d'en examiner le fort ou le foible, ne choisit-on pas Ulisse & Dioméde, afin d'appuyer la force par le conseil, le bras par l'industrie, la valeur par la bonne conduite? Mais d'un autre côté, quand les Grecs découragés par les vents contraires qui assiégent leur flote dans le port d'Aulide, sont sur le point de se séparer, & qu'ils se trouvent réduits à chercher dans les entrailles des animaux la cause de toutes les difficultés qui s'opposent à leur navigation, & d'expliquer le signe redoutable de ces oiseaux dévorés par un dragon avec leur mere, alors ces deux grandes lumieres de la Gréce, Nestor & Ulisse se taisent ; &

O o iij

le divin Calchas, interprete des
Dieux, examinant les victimes,
l'autel & le nid de ces oiseaux
dévorés, donne aux Grecs le
moyen de poursuivre leur route,
& leur prédit que la guerre doit
durer dix ans.

La même chose se pratique chez
les Troyens. Quand ils sont obligés d'avoir recours à la Divination, ce Sénat si sage dans ses délibérations, garde le silence,
Hicétaon, Lampus, Clitius se
taisent, & attendent comme tous
les autres les augures odieux d'Hé-
lénus, ou les prédictions de Cas-
sandre qui avoient le malheur de
n'être jamais cruës. De la même
maniere Socrate, quand le secours
de la prudence ordinaire lui man-
quoit, se laissoit conduire à la
vertu divinatrice de son Génie,
lui obéissoit promptement & avec
exactitude ; ce qui lui attiroit d'autant plus la bienveillance de ce

Démon favorable. Et de ce que
ce Démon ou Génie arrêtoit ordinairement Socrate dans quelques-unes de ſes entrepriſes, &
ne le pouſſoit jamais à aucune, il
eſt fort facile d'en rendre la rai-
ſon : c'eſt que Socrate, le plus parfait des hommes, & le plus attentif
à tous ſes devoirs, n'avoit jamais
beſoin d'être excité, mais ſouvent
d'être détourné de ſes entrepriſes,
lorſqu'elles l'expoſoient à quelque péril imprévû, afin qu'il ſe
tînt ſur ſes gardes, & qu'il les
abandonnât pour les reprendre
une autre fois plus ſûrement, ou
pour les conduire d'une autre maniere.

Dans ces rencontres il diſoit,
*qu'une certaine voix divine ſe faiſoit
entendre à lui* ; ce que Platon rapporte expreſſément, afin qu'on
ne s'imagine pas que ſa prévoïan-
ce ne fût que l'effet de l'obſerva-
tion qu'il auroit faite des paroles

des hommes qui auroient frappé
par hazard ses oreilles ; car s'étant
un jour trouvé avec Phédre dans
un lieu hors de la Ville & sans
témoins. dans le tems qu'il étoit
à l'ombre sous un arbre épais, il
oüit une voix qui l'avertit de ne
point traverser les eaux du fleuve
Ilissus, avant qu'il eût appaisé la
colere de l'Amour, en se rétrac-
tant de ce qu'il avoit avancé contre lui. Et d'ailleurs s'il eût écouté
les conseils des hommes & les
présages ordinaires, il auroit été
souvent déterminé à agir comme
il arrive à ceux qui par excès de
timidité, consultant moins leur
propre pensée que les conseils des
Devins, vont de ruë en ruë, écou-
tant les uns & les autres, & pen-
sent, pour ainsi dire, plûtôt des
oreilles que de l'esprit. Mais de
quelque façon qu'on l'entende,
il est certain que ceux qui con-
sultent ces Devins, quelque con-

fiance qu'ils ayent en ce qu'ils écoutent, n'entendent pourtant que la voix d'un homme, au lieu que Socrate ne dit pas simplement qu'il entendoit une voix ; mais que c'étoit une certaine voix divine, ce qui dénote qu'il ne s'a-gissoit point d'une voix ordinaire, puisque si cela étoit, il ne diroit pas *une certaine voix*, mais seulement *une voix*, ou *la voix de quelqu'un en particulier* ; comme quand la Courtisane de Terence dit : * *J'ai cru entendre présentement la voix de ce Capitaine.* Car celui qui dit, j'ai oüi *une certaine voix*, marque ou qu'il ne sçait d'où cette voix est partie, ou qu'il doute en quelque sorte de ce qu'il a oüi, ou qu'enfin il y a eu en cela quelque chose de mysterieux & d'extraor-dinaire, comme dans celle qui se faisoit entendre à Socrate, & qui parvenoit à lui, disoit-il,

* *Dans l'Eunuque.*

d'une maniere divine dans la né-
cessité de ses affaires. Et certainement je croirois que ce n'étoit
pas simplement par la voix, mais
encore par des signes visibles que
son Génie se manifestoit à lui : car
souvent ce n'est pas une voix qu'il
dit avoir oüie, c'est un signe divin
qui s'est offert à lui. Or ce signe
peut n'être autre chose que l'image même du Génie qui n'étoit vi-
sible que pour Socrate, comme la
Minerve d'Homere pour Achille.

Je ne doute point que plusieurs
de ceux qui m'écoutent n'ayent
quelque peine à me croire sur ma
parole, & que la figure de ce Démon qui se faisoit souvent voir à
Socrate ne leur paroisse quelque
chose de trop merveilleux. Mais
Aristote qui, ce me semble, est
d'une autorité suffisante, leur répondra pour moi, que les Pitha-
goriciens étoient étonnés toutes
les fois qu'ils entendoient quel-

qu'un affurer qu'il n'avoit jamais
vû de Génie. Or fi cette faculté
peut être accordée à quelques-
uns, pourquoi Socrate ne l'auroit-
il pas euë plûtôt qu'un autre, lui
qui par la grandeur de fa fageffe,
égaloit en quelque forte les Dieux?
Car rien n'approche tant de la
Divinité qu'un mortel parfaitement bon, parfaitement fage, &
qui par fa vertu, furpaffe autant
les autres hommes, qu'il eft lui-
même furpaffé par les Dieux immortels.

Pourquoi donc l'exemple & le
fouvenir de Socrate ne nous en-
courage-t'il pas à étudier une fem-
blable philofophie, & à chercher
la connoiffance de femblables
Dieux ? Je ne vois pas ce qui pourroit nous en détourner, & je fuis
étonné que tout le monde fou-
haitant de vivre heureux, & fça-
chant que ce n'eft qu'en cultivant
fon efprit qu'on peut parvenir à la

félicité, il se trouve néanmoins si peu de personnes qui s'attachent à le cultiver. Celui qui veut voir plus clair qu'un autre, a soin de ses yeux, qui sont l'organe de sa vûë; pour se rendre léger à la course, il faut habituer ses pieds à courir; pour devenir bon Lutteur, il faut fortifier ses bras par l'usage de la lutte, & ainsi des autres parties du corps, selon le genre d'exercice auquel on veut s'adonner. Ces principes étant plus clairs que le jour, je ne sçaurois assez admirer le peu de soin qu'on prend de nourrir son ame par la raison; car enfin, l'art de bien vivre est également nécessaire à tous, à la difference des autres arts, comme vous diriez la peinture ou la musique qu'un honnête homme peut négliger sans honte & sans deshonneur. Je ne joûë pas si bien de la flûte qu'Ismenias, mais ce n'est pas une honte pour

7

moi de n'être pas Flatteur ; je ne
suis pas peintre comme Apelles,
ni Sculpteur comme Lysippe, à la
bonne heure ; je ne suis pas obligé de faire des statuës ni des ta-
bleaux. Vous pourrez sans rougir
dire la même chose de tous les
arts du monde ; mais voyons, di-
riez-vous de même : moi ! je ne
sçai pas vivre en homme de bien
comme Socrate, comme Platon,
comme Pithagore ; mais je ne suis
pas obligé de bien vivre. Je suis
sûr que vous n'oseriez faire un
aveu de cette nature.

Mais il y a une chose plus admirable encore, c'est qu'en négli-
geant la Philosophie, on ne veut
pourtant point passer pour gros-
sier, & que la plûpart des hommes se montrent aussi sensibles à
la honte d'ignorer, qu'à la peine
d'apprendre : & pour preuve de
cela, examinez les regiftres de
leurs frais journaliers, vous y

trouverez des dépenses outrées
en superfluités, aucune dépense
appliquée à eux directement, c'est-
à-dire, à cultiver leur esprit, leur
Génie, leur ame, qui est proprement le Sanctuaire de la Philosophie. Ils font bâtir des maisons
de campagne magnifiques, meubles superbes, grand nombre de
domestiques ; mais parmi toutes
ces grandeurs, au milieu de cette
opulence, vous ne trouvez de
misérable que le maître qui s'y
mire, qui s'y promene, & qui les
cultive avec tant de soin, tandis
qu'il est lui-même inculte, sot &
ignorant.

Ainsi vous trouverez ces édifi-
ces qui ont consumé le patrimoi-
ne de la plûpart des hommes, brillans, nobles, richement ornés,
des Châteaux qui le dispute-
roient à des Villes, des maisons
parées comme des Temples, nombre d'esclaves vêtus comme des

maîtres, meubles précieux, toutes choses dans l'abondance ; ex-
cepté celui qui les posséde, qui
comme tantale au milieu de ses
richesses, pauvre, misérable &
indigent, court aprés une eau
trompeuse & fugitive, toujours
affamé de la sagesse & de la félicité, sans laquelle il n'y a point
de véritable vie : Et il ne voit pas
qu'on regarde un homme com-
me un cheval qu'on marchande.
Quand nous voulons acheter un
cheval, nous ne regardons pas à
son harnois, ni à son poitrail, ni
aux ornemens dont sa têtiere est
embellie, on ne va pas examiner
si ses bossettes sont relevées d'or ;
d'argent, & de pierreries, si sa
tête & son encolure sont enri-
chies d'ouvrages bien travaillés,
si sa selle est d'une étoffe teinte
en pourpre, ses sangles dorées &
son mors bien ciselé. On met à
part toutes ces dépoüilles étran-

geres, on l'examine tout nud, son corps, sa vivacité, on veut que sa taille soit noble, qu'il ait de la vigueur pour courir, de la force pour porter son homme, & comme dit Virgile: * *La tête fine le ventre étroit, la croupe large, & le poitrail traversé de muscles qui rendent témoignage de sa force.* On veut outre cela que les reins & l'épine du dos soient doubles ; car il ne suffit pas que le cheval soit léger, il faut que le Cavalier soit à son aise.

Ainsi quand vous examinez un homme, ce ne sont point les choses étrangeres qu'il faut considérer ; c'est l'homme même dénué de tout, comme notre Socrate ; car j'appelle étranger ce que nous tenons de nos Peres ou de la fortune, & nulle de ces choses n'entre dans les loüanges que je donne à Socrate. Il n'y entre ni rang,

* *L. 3. des Georgiques.*

ni

ni nobleſſe, ni ſuite d'ayeux illuſ-
tres, ni amàs de richeſſes que
l'on puiſſe envier ; car tout cela,
comme j'ai déja dit, lui eſt étranger. Lorſque vous dites, fils de
Prothanius, c'eſt Prothanius que
vous loüez en faiſant voir que
ſon nom ne fait point de deshonneur à ſes deſcendans. Vous
pourrez de même parcourir tous
les autres avantages. Cet homme
eſt d'un ſang illuſtre, direz-vous :
vous faites l'éloge de ſes ayeux.
Il eſt puiſſamment riche, ne vous
fiez pas à la fortune : il eſt fort
& vigoureux, une maladie peut
l'affoiblir : il eſt léger à la cour-
ſe, la vieilleſſe l'appeſantira : il
eſt tout-à-fait bel homme, donnez-vous patience, il ceſſera de
l'être. Mais, dites-vous, il eſt parfaitement inſtruit dans toutes ſor-
tes de diſciplines, & il a toute
la ſageſſe & toute la conduite
qu'un homme peut avoir. Ho,

voilà qui est bien, vous faites son
éloge présentement ; car ses qua-
lités ne lui viennent point par
voye de succession, elles ne dé-
pendent point du hazard, elles
ne lui sont point données à terme, elles ne périront point avec
sa santé & ne changeront point
avec l'âge. Ce sont là les dons que
Socrate à possédés, & qui lui ont
fait mépriser les autres.

Que ne vous donnez-vous donc
tout entier & sans differer à l'é-
tude de la sagesse, si vous voulez
que vos loüanges vous soient propres, & que celui qui voudra les
célébrer, puisse vous loüer de la
même maniere qu'Accius loüe
Ulisse au commencement de sa
Tragédie de Philoctete.

Heros plus renommé que ton propre
païs,

Fameux par ton grand cœur, fameux
par ta sagesse,

Redoutable fleau du parti de Pâris,

Et sévére vengeur des affronts de la Grece,

Sage fils de Laerte, &c.

Vous voyez qu'il nomme son pere le dernier, & que toutes les loüanges qu'il lui donne sont à lui. Laërte, Anticlée, Acrise n'y ont aucune part; & cet éloge, à proprement parler, appartient en propre à Ulisse. Homere n'a pas prétendu nous faire remarquer autre chose dans ce Heros, lorsqu'il lui a donné pour compagne inséparable la Prudence, figurée, à la maniere des Poëtes, sous le nom de Minerve. C'est avec cette heureuse compagne qu'il a affronté toute sorte de dangers, & qu'il a surmonté toutes sortes d'adversités. Sous cette protection il est entré dans l'antre du Ciclope & en est sorti; il

a vû les bœufs du Soleil, & ne
les a point profanés ; il est descendu aux Enfers, & en est revenu.
Sous la conduite de cette même
sagesse, il a passé par devant Scil-
la & lui a échapé, il a fait le tour
de Caribde sans y être englouti,
il a mis le pied chez les Loto-
phages sans y rester, & a écouté les Sirénes sans en approcher.

Fin du Démon de Socrate.

APPROBATION.

J'Ay lû par ordre de Monsei-
gneur le Chancelier la Traduction de l'*Ane d'Or d'Apulée*, &
*du Démon de Socrate du même Au-
teur*, & j'ai crû que le Public en
verroit l'impreſſion avec plaiſir.
Fait à Paris, ce trente-un Octobre
mil ſept cens ſix.

Signé, FONTENELLE.

res & Imprimeurs de Paris , dans trois mois de
la datte d'icelles ; que l'impreſſion dudit Livre
ſera faite dans notre Royaume , & non ailleurs ;
& que l'Impetrant ſe conformera en tout aux
Reglemens de la Librairie , & notamment à celui du 10 Avril 1725 : Et qu'avant que de l'ex-
poſer en vente, le Manuſcrit ou Imprimé qui
aura ſervi de copie à l'impreſſion dudit Livre ,
ſera remis dans le même état où l'Approbation
y aura été donnée , ès mains de notre très-cher
& feal Chevalier Garde des Sceaux de France le
Sieur Chauvelin ; & qu'il en ſera enſuite remis
deux Exemplaires dans notre Bibliotheque pu-
blique, un dans celle de notre Château du Louvre,
& un dans celle de notre très-cher & feal Chevalier Garde des Sceaux de France le Sieur Chauvelin ; le tout à peine de nullité des Preſentes :
du contenu deſquelles vous mandons & enjoi-
gnons de faire joüir ledit Sieur Expoſant ou ſes
ayans cauſe , pleinement & paiſiblement , ſans
ſouffrir qu'il leur ſoit fait aucun trouble ou em-
pêchement ; Voulons qu'à la copie deſdites
Preſentes , qui ſera imprimée tout au long au
commencement ou à la fin dudit Livre foi ſoit
ajoutée comme à l'original ; Commandons au
premier notre Huiſſier ou Sergent de faire pour
l'exécution d'icelles tous Actes requis & néceſ-
ſaires, ſans demander autre permiſſion, & non-
obſtant Clameur de Haro , Chartre Normande
& Lettres à ce contraires : C A R tel eſt notre
plaiſir. D O N N E' à Verſailles, le trentiéme
jour du mois de Juillet, l'an de grace mil
ſept cens trente - cinq, & de notre regne

le vingtiéme. Par le Roi en son Conseil.
Signé , S A I N S O N. Et scellé du grand sceau
de cire jaune.

*Regiſtré ſur le Regiſtre I X. de la Chambre
Royalle des Libraires & Imprimeurs de Paris,
Nº. 133. fol. 139. conformément au Réglement de
1723. qui fait défenſe Art. IV. à toutes perſonnes
de quelque qualité qu'elles ſoient, autres que les
Libraires & Imprimeurs, de vendre, débiter &
faire afficher aucuns Livres pour les vendre en leurs
noms, ſoit qu'ils s'en diſent les Auteurs ou autre-
ment, & à la charge de fournir les Exemplaires
preſcrits par l'Article CVIII. du même Reglement.
A Paris le 3. Aouſt 1735.*
G. M A R T I N , Syndic.

Et ledit Sieur * * * a cedé son Droit de privi-
ge a Michel Brunet, ſuivant l'accord fait entr'eux.

<hr>

De l'Imprimerie de J O S E P H B U L L O T.

J. le Clerc inv. et fecit